中华人民共和国
新法规汇编

2021
第6辑

司 法 部 编

中国法制出版社

编辑说明

一、《中华人民共和国新法规汇编》是国家出版的法律、行政法规汇编正式版本，是刊登报国务院备案并予以登记的部门规章的指定出版物。

二、本汇编收集的内容包括：上一个月内由全国人民代表大会及其常务委员会通过的法律和有关法律问题的决定，国务院公布的行政法规和国务院文件，报国务院备案并予以登记的部门规章，最高人民法院和最高人民检察院公布的司法解释。另外，还收入了上一个月内报国务院备案并予以登记的地方性法规和地方政府规章目录。

三、本汇编所收的内容，按下列分类顺序编排：法律，行政法规，国务院文件，国务院部门规章，司法解释。每类中按公布的时间顺序排列。报国务院备案并予以登记的地方性法规和地方政府规章目录按1987年国务院批准的行政区划顺序排列；同一行政区域报备两件以上者，按公布时间顺序排列。

四、本汇编每年出版12辑，每月出版1辑。本辑为2021年度第6辑，收入2021年5月份内公布的国务院文件2件、报国务院备案并经审查予以登记编号的部门规章11件、司法解释3件，补收2021年4月份内公布的行政法规1件、国务院文件2件，2020年11月份内公布的司法解释1件，共计20件。

五、本汇编在编辑出版过程中，得到了国务院有关部门和有关方面以及广大读者的大力支持和协助，在此谨致谢意。

司法部

2021年6月

目　录

行政法规

国务院文件

国务院部门规章

司法解释

行政法规

中华人民共和国民办教育促进法实施条例

(2004年3月5日中华人民共和国国务院令第399号公布　2021年4月7日中华人民共和国国务院令第741号修订通过　自2021年9月1日起施行)

第一章　总　　则

第一条　根据《中华人民共和国民办教育促进法》(以下简称民办教育促进法),制定本条例。

第二条　国家机构以外的社会组织或者个人可以利用非国家财政性经费举办各级各类民办学校;但是,不得举办实施军事、警察、政治等特殊性质教育的民办学校。

民办教育促进法和本条例所称国家财政性经费,是指财政拨款、依法取得并应当上缴国库或者财政专户的财政性资金。

第三条　各级人民政府应当依法支持和规范社会力量举办民办教育,保障民办学校依法办学、自主管理,鼓励、引导民办学校提高质量、办出特色,满足多样化教育需求。

对于举办民办学校表现突出或者为发展民办教育事业做出突出贡献的社会组织或者个人,按照国家有关规定给予奖励和表彰。

第四条　民办学校应当坚持中国共产党的领导,坚持社会主义办学方向,坚持教育公益性,对受教育者加强社会主义核心价值观教育,落实立德树人根本任务。

民办学校中的中国共产党基层组织贯彻党的方针政策,依照法律、行政法规和国家有关规定参与学校重大决策并实施监督。

第二章　民办学校的设立

第五条　国家机构以外的社会组织或者个人可以单独或者联合举办民办学校。联合举办民办学校的，应当签订联合办学协议，明确合作方式、各方权利义务和争议解决方式等。

国家鼓励以捐资、设立基金会等方式依法举办民办学校。以捐资等方式举办民办学校，无举办者的，其办学过程中的举办者权责由发起人履行。

在中国境内设立的外商投资企业以及外方为实际控制人的社会组织不得举办、参与举办或者实际控制实施义务教育的民办学校；举办其他类型民办学校的，应当符合国家有关外商投资的规定。

第六条　举办民办学校的社会组织或者个人应当有良好的信用状况。举办民办学校可以用货币出资，也可以用实物、建设用地使用权、知识产权等可以用货币估价并可以依法转让的非货币财产作价出资；但是，法律、行政法规规定不得作为出资的财产除外。

第七条　实施义务教育的公办学校不得举办或者参与举办民办学校，也不得转为民办学校。其他公办学校不得举办或者参与举办营利性民办学校。但是，实施职业教育的公办学校可以吸引企业的资本、技术、管理等要素，举办或者参与举办实施职业教育的营利性民办学校。

公办学校举办或者参与举办民办学校，不得利用国家财政性经费，不得影响公办学校教学活动，不得仅以品牌输出方式参与办学，并应当经其主管部门批准。公办学校举办或者参与举办非营利性民办学校，不得以管理费等方式取得或者变相取得办学收益。

公办学校举办或者参与举办的民办学校应当具有独立的法人资格，具有与公办学校相分离的校园、基本教育教学设施和独立的专任教师队伍，按照国家统一的会计制度独立进行会计核算，独立招生，独立颁发学业证书。

举办或者参与举办民办学校的公办学校依法享有举办者权益，依法履行国有资产管理义务。

第八条 地方人民政府不得利用国有企业、公办教育资源举办或者参与举办实施义务教育的民办学校。

以国有资产参与举办民办学校的，应当根据国家有关国有资产监督管理的规定，聘请具有评估资格的中介机构依法进行评估，根据评估结果合理确定出资额，并报对该国有资产负有监管职责的机构备案。

第九条 国家鼓励企业以独资、合资、合作等方式依法举办或者参与举办实施职业教育的民办学校。

第十条 举办民办学校，应当按时、足额履行出资义务。民办学校存续期间，举办者不得抽逃出资，不得挪用办学经费。

举办者可以依法募集资金举办营利性民办学校，所募集资金应当主要用于办学，不得擅自改变用途，并按规定履行信息披露义务。民办学校及其举办者不得以赞助费等名目向学生、学生家长收取或者变相收取与入学关联的费用。

第十一条 举办者依法制定学校章程，负责推选民办学校首届理事会、董事会或者其他形式决策机构的组成人员。

举办者可以依据法律、法规和学校章程规定的程序和要求参加或者委派代表参加理事会、董事会或者其他形式决策机构，并依据学校章程规定的权限行使相应的决策权、管理权。

第十二条 民办学校举办者变更的，应当签订变更协议，但不得涉及学校的法人财产，也不得影响学校发展，不得损害师生权益；现有民办学校的举办者变更的，可以根据其依法享有的合法权益与继任举办者协议约定变更收益。

民办学校的举办者不再具备法定条件的，应当在6个月内向审批机关提出变更；逾期不变更的，由审批机关责令变更。

举办者为法人的，其控股股东和实际控制人应当符合法律、行政法规规定的举办民办学校的条件，控股股东和实际控制人变更的，应当报主管部门备案并公示。

举办者变更，符合法定条件的，审批机关应当在规定的期限内予以办理。

第十三条 同时举办或者实际控制多所民办学校的，举办者或者实际控制人应当具备与其所开展办学活动相适应的资金、人员、组织机构等条件与能力，并对所举办民办学校承担管理和监督职责。

同时举办或者实际控制多所民办学校的举办者或者实际控制人向所举办或者实际控制的民办学校提供教材、课程、技术支持等服务以及组织教育教学活动，应当符合国家有关规定并建立相应的质量标准和保障机制。

同时举办或者实际控制多所民办学校的，应当保障所举办或者实际控制的民办学校依法独立开展办学活动，存续期间所有资产由学校依法管理和使用；不得改变所举办或者实际控制的非营利性民办学校的性质，直接或者间接取得办学收益；也不得滥用市场支配地位，排除、限制竞争。

任何社会组织和个人不得通过兼并收购、协议控制等方式控制实施义务教育的民办学校、实施学前教育的非营利性民办学校。

第十四条 实施国家认可的教育考试、职业资格考试和职业技能等级考试等考试的机构，举办或者参与举办与其所实施的考试相关的民办学校应当符合国家有关规定。

第十五条 设立民办学校的审批权限，依照有关法律、法规的规定执行。

地方人民政府及其有关部门应当依法履行实施义务教育的职责。设立实施义务教育的民办学校，应当符合当地义务教育发展规划。

第十六条 国家鼓励民办学校利用互联网技术在线实施教育

活动。

利用互联网技术在线实施教育活动应当符合国家互联网管理有关法律、行政法规的规定。利用互联网技术在线实施教育活动的民办学校应当取得相应的办学许可。

民办学校利用互联网技术在线实施教育活动，应当依法建立并落实互联网安全管理制度和安全保护技术措施，发现法律、行政法规禁止发布或者传输的信息的，应当立即停止传输，采取消除等处置措施，防止信息扩散，保存有关记录，并向有关主管部门报告。

外籍人员利用互联网技术在线实施教育活动，应当遵守教育和外国人在华工作管理等有关法律、行政法规的规定。

第十七条 民办学校的举办者在获得筹设批准书之日起 3 年内完成筹设的，可以提出正式设立申请。

民办学校在筹设期内不得招生。

第十八条 申请正式设立实施学历教育的民办学校的，审批机关受理申请后，应当组织专家委员会评议，由专家委员会提出咨询意见。

第十九条 民办学校的章程应当规定下列主要事项：

（一）学校的名称、住所、办学地址、法人属性；

（二）举办者的权利义务，举办者变更、权益转让的办法；

（三）办学宗旨、发展定位、层次、类型、规模、形式等；

（四）学校开办资金、注册资本，资产的来源、性质等；

（五）理事会、董事会或者其他形式决策机构和监督机构的产生方法、人员构成、任期、议事规则等；

（六）学校党组织负责人或者代表进入学校决策机构和监督机构的程序；

（七）学校的法定代表人；

（八）学校自行终止的事由，剩余资产处置的办法与程序；

（九）章程修改程序。

民办学校应当将章程向社会公示，修订章程应当事先公告，征求利益相关方意见。完成修订后，报主管部门备案或者核准。

第二十条 民办学校只能使用一个名称。

民办学校的名称应当符合有关法律、行政法规的规定，不得损害社会公共利益，不得含有可能引发歧义的文字或者含有可能误导公众的其他法人名称。营利性民办学校可以在学校牌匾、成绩单、毕业证书、结业证书、学位证书及相关证明、招生广告和简章上使用经审批机关批准的法人简称。

第二十一条 民办学校开办资金、注册资本应当与学校类型、层次、办学规模相适应。民办学校正式设立时，开办资金、注册资本应当缴足。

第二十二条 对批准正式设立的民办学校，审批机关应当颁发办学许可证，并向社会公告。

办学许可的期限应当与民办学校的办学层次和类型相适应。民办学校在许可期限内无违法违规行为的，有效期届满可以自动延续、换领新证。

民办学校办学许可证的管理办法由国务院教育行政部门、人力资源社会保障行政部门依据职责分工分别制定。

第二十三条 民办学校增设校区应当向审批机关申请地址变更；设立分校应当向分校所在地审批机关单独申请办学许可，并报原审批机关备案。

第二十四条 民办学校依照有关法律、行政法规的规定申请法人登记，登记机关应当依法予以办理。

第三章 民办学校的组织与活动

第二十五条 民办学校理事会、董事会或者其他形式决策机构的负责人应当具有中华人民共和国国籍，具有政治权利和完全民事行为能力，在中国境内定居，品行良好，无故意犯罪记录或者教育领域不良从业记录。

民办学校法定代表人应当由民办学校决策机构负责人或者校长担任。

第二十六条 民办学校的理事会、董事会或者其他形式决策机构应当由举办者或者其代表、校长、党组织负责人、教职工代表等共同组成。鼓励民办学校理事会、董事会或者其他形式决策机构吸收社会公众代表,根据需要设独立理事或者独立董事。实施义务教育的民办学校理事会、董事会或者其他形式决策机构组成人员应当具有中华人民共和国国籍,且应当有审批机关委派的代表。

民办学校的理事会、董事会或者其他形式决策机构每年至少召开2次会议。经1/3以上组成人员提议,可以召开理事会、董事会或者其他形式决策机构临时会议。讨论下列重大事项,应当经2/3以上组成人员同意方可通过:

(一)变更举办者;

(二)聘任、解聘校长;

(三)修改学校章程;

(四)制定发展规划;

(五)审核预算、决算;

(六)决定学校的分立、合并、终止;

(七)学校章程规定的其他重大事项。

第二十七条 民办学校应当设立监督机构。监督机构应当有党的基层组织代表,且教职工代表不少于1/3。教职工人数少于20人的民办学校可以只设1至2名监事。

监督机构依据国家有关规定和学校章程对学校办学行为进行监督。监督机构负责人或者监事应当列席学校决策机构会议。

理事会、董事会或者其他形式决策机构组成人员及其近亲属不得兼任、担任监督机构组成人员或者监事。

第二十八条 民办学校校长依法独立行使教育教学和行政管理职权。

民办学校内部组织机构的设置方案由校长提出，报理事会、董事会或者其他形式决策机构批准。

第二十九条 民办学校依照法律、行政法规和国家有关规定，自主开展教育教学活动；使用境外教材的，应当符合国家有关规定。

实施高等教育和中等职业技术学历教育的民办学校，可以按照办学宗旨和培养目标自主设置专业、开设课程、选用教材。

实施普通高中教育、义务教育的民办学校可以基于国家课程标准自主开设有特色的课程，实施教育教学创新，自主设置的课程应当报主管教育行政部门备案。实施义务教育的民办学校不得使用境外教材。

实施学前教育的民办学校开展保育和教育活动，应当遵循儿童身心发展规律，设置、开发以游戏、活动为主要形式的课程。

实施以职业技能为主的职业资格培训、职业技能培训的民办学校可以按照与培训专业（职业、工种）相对应的国家职业标准及相关职业培训要求开展培训活动，不得教唆、组织学员规避监管，以不正当手段获取职业资格证书、成绩证明等。

第三十条 民办学校应当按照招生简章或者招生广告的承诺，开设相应课程，开展教育教学活动，保证教育教学质量。

民办学校应当提供符合标准的校舍和教育教学设施设备。

第三十一条 实施学前教育、学历教育的民办学校享有与同级同类公办学校同等的招生权，可以在审批机关核定的办学规模内，自主确定招生的标准和方式，与公办学校同期招生。

实施义务教育的民办学校应当在审批机关管辖的区域内招生，纳入审批机关所在地统一管理。实施普通高中教育的民办学校应当主要在学校所在设区的市范围内招生，符合省、自治区、直辖市人民政府教育行政部门有关规定的可以跨区域招生。招收接受高等学历教育学生的应当遵守国家有关规定。

县级以上地方人民政府教育行政部门、人力资源社会保障行政部门应当为外地的民办学校在本地招生提供平等待遇，不得设置跨区域招生障碍实行地区封锁。

民办学校招收学生应当遵守招生规则，维护招生秩序，公开公平公正录取学生。实施义务教育的民办学校不得组织或者变相组织学科知识类入学考试，不得提前招生。

民办学校招收境外学生，按照国家有关规定执行。

第三十二条 实施高等学历教育的民办学校符合学位授予条件的，依照有关法律、行政法规的规定经审批同意后，可以获得相应的学位授予资格。

第四章 教师与受教育者

第三十三条 民办学校聘任的教师或者教学人员应当具备相应的教师资格或者其他相应的专业资格、资质。

民办学校应当有一定数量的专任教师；其中，实施学前教育、学历教育的民办学校应当按照国家有关规定配备专任教师。

鼓励民办学校创新教师聘任方式，利用信息技术等手段提高教学效率和水平。

第三十四条 民办学校自主招聘教师和其他工作人员，并应当与所招聘人员依法签订劳动或者聘用合同，明确双方的权利义务等。

民办学校聘任专任教师，在合同中除依法约定必备条款外，还应当对教师岗位及其职责要求、师德和业务考核办法、福利待遇、培训和继续教育等事项作出约定。

公办学校教师未经所在学校同意不得在民办学校兼职。

民办学校聘任外籍人员，按照国家有关规定执行。

第三十五条 民办学校应当建立教师培训制度，为受聘教师接受相应的思想政治培训和业务培训提供条件。

第三十六条 民办学校应当依法保障教职工待遇，按照学校登记的法人类型，按时足额支付工资，足额缴纳社会保险费和住房公积金。国家鼓励民办学校按照有关规定为教职工建立职业年金或者企业年金等补充养老保险。

实施学前教育、学历教育的民办学校应当从学费收入中提取一定比例建立专项资金或者基金，由学校管理，用于教职工职业激励或者增加待遇保障。

第三十七条 教育行政部门应当会同有关部门建立民办幼儿园、中小学专任教师劳动、聘用合同备案制度，建立统一档案，记录教师的教龄、工龄，在培训、考核、专业技术职务评聘、表彰奖励、权利保护等方面，统筹规划、统一管理，与公办幼儿园、中小学聘任的教师平等对待。

民办职业学校、高等学校按照国家有关规定自主开展教师专业技术职务评聘。

教育行政部门应当会同有关部门完善管理制度，保证教师在公办学校和民办学校之间的合理流动；指导和监督民办学校建立健全教职工代表大会制度。

第三十八条 实施学历教育的民办学校应当依法建立学籍和教学管理制度，并报主管部门备案。

第三十九条 民办学校及其教师、职员、受教育者申请政府设立的有关科研项目、课题等，享有与同级同类公办学校及其教师、职员、受教育者同等的权利。相关项目管理部门应当按规定及时足额拨付科研项目、课题资金。

各级人民政府应当保障民办学校的受教育者在升学、就业、社会优待、参加先进评选，以及获得助学贷款、奖助学金等国家资助等方面，享有与同级同类公办学校的受教育者同等的权利。

实施学历教育的民办学校应当建立学生资助、奖励制度，并按照不低于当地同级同类公办学校的标准，从学费收入中提取相应资金用于资助、奖励学生。

第四十条 教育行政部门、人力资源社会保障行政部门和其他有关部门，组织有关的评奖评优、文艺体育活动和课题、项目招标，应当为民办学校及其教师、职员、受教育者提供同等的机会。

第五章　民办学校的资产与财务管理

第四十一条　民办学校应当依照《中华人民共和国会计法》和国家统一的会计制度进行会计核算，编制财务会计报告。

第四十二条　民办学校应当建立办学成本核算制度，基于办学成本和市场需求等因素，遵循公平、合法和诚实信用原则，考虑经济效益与社会效益，合理确定收费项目和标准。对公办学校参与举办、使用国有资产或者接受政府生均经费补助的非营利性民办学校，省、自治区、直辖市人民政府可以对其收费制定最高限价。

第四十三条　民办学校资产中的国有资产的监督、管理，按照国家有关规定执行。

民办学校依法接受的捐赠财产的使用和管理，依照有关法律、行政法规执行。

第四十四条　非营利性民办学校收取费用、开展活动的资金往来，应当使用在有关主管部门备案的账户。有关主管部门应当对该账户实施监督。

营利性民办学校收入应当全部纳入学校开设的银行结算账户，办学结余分配应当在年度财务结算后进行。

第四十五条　实施义务教育的民办学校不得与利益关联方进行交易。其他民办学校与利益关联方进行交易的，应当遵循公开、公平、公允的原则，合理定价、规范决策，不得损害国家利益、学校利益和师生权益。

民办学校应当建立利益关联方交易的信息披露制度。教育、人力资源社会保障以及财政等有关部门应当加强对非营利性民办学校与利益关联方签订协议的监管，并按年度对关联交易进行审查。

前款所称利益关联方是指民办学校的举办者、实际控制人、校长、理事、董事、监事、财务负责人等以及与上述组织或者个人之间存在互相控制和影响关系、可能导致民办学校利益被转移的组织或者个人。

第四十六条 在每个会计年度结束时，民办学校应当委托会计师事务所对年度财务报告进行审计。非营利性民办学校应当从经审计的年度非限定性净资产增加额中，营利性民办学校应当从经审计的年度净收益中，按不低于年度非限定性净资产增加额或者净收益的10%的比例提取发展基金，用于学校的发展。

第六章 管理与监督

第四十七条 县级以上地方人民政府应当建立民办教育工作联席会议制度。教育、人力资源社会保障、民政、市场监督管理等部门应当根据职责会同有关部门建立民办学校年度检查和年度报告制度，健全日常监管机制。

教育行政部门、人力资源社会保障行政部门及有关部门应当建立民办学校信用档案和举办者、校长执业信用制度，对民办学校进行执法监督的情况和处罚、处理结果应当予以记录，由执法、监督人员签字后归档，并依法依规公开执法监督结果。相关信用档案和信用记录依法纳入全国信用信息共享平台、国家企业信用信息公示系统。

第四十八条 审批机关应当及时公开民办学校举办者情况、办学条件等审批信息。

教育行政部门、人力资源社会保障行政部门应当依据职责分工，定期组织或者委托第三方机构对民办学校的办学水平和教育质量进行评估，评估结果应当向社会公开。

第四十九条 教育行政部门及有关部门应当制定实施学前教育、学历教育民办学校的信息公示清单，监督民办学校定期向社会公开办学条件、教育质量等有关信息。

营利性民办学校应当通过全国信用信息共享平台、国家企业信用信息公示系统公示相关信息。

有关部门应当支持和鼓励民办学校依法建立行业组织，研究制定相应的质量标准，建立认证体系，制定推广反映行业规律和特色要求的合同示范文本。

第五十条 民办学校终止的，应当交回办学许可证，向登记机关办理注销登记，并向社会公告。

民办学校自己要求终止的，应当提前6个月发布拟终止公告，依法依章程制定终止方案。

民办学校无实际招生、办学行为的，办学许可证到期后自然废止，由审批机关予以公告。民办学校自行组织清算后，向登记机关办理注销登记。

对于因资不抵债无法继续办学而被终止的民办学校，应当向人民法院申请破产清算。

第五十一条 国务院教育督导机构及省、自治区、直辖市人民政府负责教育督导的机构应当对县级以上地方人民政府及其有关部门落实支持和规范民办教育发展法定职责的情况进行督导、检查。

县级以上人民政府负责教育督导的机构依法对民办学校进行督导并公布督导结果，建立民办中小学、幼儿园责任督学制度。

第七章 支持与奖励

第五十二条 各级人民政府及有关部门应当依法健全对民办学校的支持政策，优先扶持办学质量高、特色明显、社会效益显著的民办学校。

县级以上地方人民政府可以参照同级同类公办学校生均经费等相关经费标准和支持政策，对非营利性民办学校给予适当补助。

地方人民政府出租、转让闲置的国有资产应当优先扶持非营利性民办学校。

第五十三条 民办学校可以依法以捐赠者的姓名、名称命名学校的校舍或者其他教育教学设施、生活设施。捐赠者对民办学校发展做出特殊贡献的,实施高等学历教育的民办学校经国务院教育行政部门按照国家规定的条件批准,其他民办学校经省、自治区、直辖市人民政府教育行政部门或者人力资源社会保障行政部门按照国家规定的条件批准,可以以捐赠者的姓名或者名称作为学校校名。

第五十四条 民办学校享受国家规定的税收优惠政策;其中,非营利性民办学校享受与公办学校同等的税收优惠政策。

第五十五条 地方人民政府在制定闲置校园综合利用方案时,应当考虑当地民办教育发展需求。

新建、扩建非营利性民办学校,地方人民政府应当按照与公办学校同等原则,以划拨等方式给予用地优惠。

实施学前教育、学历教育的民办学校使用土地,地方人民政府可以依法以协议、招标、拍卖等方式供应土地,也可以采取长期租赁、先租后让、租让结合的方式供应土地,土地出让价款和租金可以在规定期限内按合同约定分期缴纳。

第五十六条 在西部地区、边远地区和少数民族地区举办的民办学校申请贷款用于学校自身发展的,享受国家相关的信贷优惠政策。

第五十七条 县级以上地方人民政府可以根据本行政区域的具体情况,设立民办教育发展专项资金,用于支持民办学校提高教育质量和办学水平、奖励举办者等。

国家鼓励社会力量依法设立民办教育发展方面的基金会或者专项基金,用于支持民办教育发展。

第五十八条 县级人民政府根据本行政区域实施学前教育、义务教育或者其他公共教育服务的需要,可以与民办学校签订协议，以购买服务等方式，委托其承担相应教育任务。

委托民办学校承担普惠性学前教育、义务教育或者其他公共教育任务的，应当根据当地相关教育阶段的委托协议，拨付相应的教育经费。

第五十九条 县级以上地方人民政府可以采取政府补贴、以奖代补等方式鼓励、支持非营利性民办学校保障教师待遇。

第六十条 国家鼓励、支持保险机构设立适合民办学校的保险产品，探索建立行业互助保险等机制，为民办学校重大事故处理、终止善后、教职工权益保障等事项提供风险保障。

金融机构可以在风险可控前提下开发适合民办学校特点的金融产品。民办学校可以以未来经营收入、知识产权等进行融资。

第六十一条 除民办教育促进法和本条例规定的支持与奖励措施外，省、自治区、直辖市人民政府还可以根据实际情况，制定本地区促进民办教育发展的支持与奖励措施。

各级人民政府及有关部门在对现有民办学校实施分类管理改革时，应当充分考虑有关历史和现实情况，保障受教育者、教职工和举办者的合法权益，确保民办学校分类管理改革平稳有序推进。

第八章　法律责任

第六十二条 民办学校举办者及实际控制人、决策机构或者监督机构组成人员有下列情形之一的，由县级以上人民政府教育行政部门、人力资源社会保障行政部门或者其他有关部门依据职责分工责令限期改正，有违法所得的，退还所收费用后没收违法所得；情节严重的，1 至 5 年内不得新成为民办学校举办者或实际控制人、决策机构或者监督机构组成人员；情节特别严重、社会影响恶劣的，永久不得新成为民办学校举办者或实际控制人、决策机构或者监督机构组成人员；构成违反治安管理行为的，由公安机关依

法给予治安管理处罚;构成犯罪的,依法追究刑事责任:

(一)利用办学非法集资,或者收取与入学关联的费用的;

(二)未按时、足额履行出资义务,或者抽逃出资、挪用办学经费的;

(三)侵占学校法人财产或者非法从学校获取利益的;

(四)与实施义务教育的民办学校进行关联交易,或者与其他民办学校进行关联交易损害国家利益、学校利益和师生权益的;

(五)伪造、变造、买卖、出租、出借办学许可证的;

(六)干扰学校办学秩序或者非法干预学校决策、管理的;

(七)擅自变更学校名称、层次、类型和举办者的;

(八)有其他危害学校稳定和安全、侵犯学校法人权利或者损害教职工、受教育者权益的行为的。

第六十三条 民办学校有下列情形之一的,依照民办教育促进法第六十二条规定给予处罚:

(一)违背国家教育方针,偏离社会主义办学方向,或者未保障学校党组织履行职责的;

(二)违反法律、行政法规和国家有关规定开展教育教学活动的;

(三)理事会、董事会或者其他形式决策机构未依法履行职责的;

(四)教学条件明显不能满足教学要求、教育教学质量低下,未及时采取措施的;

(五)校舍、其他教育教学设施设备存在重大安全隐患,未及时采取措施的;

(六)侵犯受教育者的合法权益,产生恶劣社会影响的;

(七)违反国家规定聘任、解聘教师,或者未依法保障教职工待遇的;

(八)违反规定招生,或者在招生过程中弄虚作假的;

(九)超出办学许可范围,擅自改变办学地址或者设立分校的;

（十）未依法履行公示办学条件和教育质量有关材料、财务状况等信息披露义务，或者公示的材料不真实的；

（十一）未按照国家统一的会计制度进行会计核算、编制财务会计报告，财务、资产管理混乱，或者违反法律、法规增加收费项目、提高收费标准的；

（十二）有其他管理混乱严重影响教育教学的行为的。

法律、行政法规对前款规定情形的处罚另有规定的，从其规定。

第六十四条 民办学校有民办教育促进法第六十二条或者本条例第六十三条规定的违法情形的，由县级以上人民政府教育行政部门、人力资源社会保障行政部门或者其他有关部门依据职责分工对学校决策机构负责人、校长及直接责任人予以警告；情节严重的，1 至 5 年内不得新成为民办学校决策机构负责人或者校长；情节特别严重、社会影响恶劣的，永久不得新成为民办学校决策机构负责人或者校长。

同时举办或者实际控制多所民办学校的举办者或者实际控制人违反本条例规定，对所举办或者实际控制的民办学校疏于管理，造成恶劣影响的，由县级以上教育行政部门、人力资源社会保障行政部门或者其他有关部门依据职责分工责令限期整顿；拒不整改或者整改后仍发生同类问题的，1 至 5 年内不得举办新的民办学校，情节严重的，10 年内不得举办新的民办学校。

第六十五条 违反本条例规定举办、参与举办民办学校或者在民办学校筹设期内招生的，依照民办教育促进法第六十四条规定给予处罚。

第九章 附 则

第六十六条 本条例所称现有民办学校，是指 2016 年 11 月 7 日《全国人民代表大会常务委员会关于修改〈中华人民共和国民办教育促进法〉的决定》公布前设立的民办学校。

第六十七条 本条例规定的支持与奖励措施适用于中外合作办学机构。

第六十八条 本条例自2021年9月1日起施行。

国务院文件

国务院办公厅关于全面加强药品监管能力建设的实施意见

(2021年4月27日　国办发〔2021〕16号)

药品安全事关人民群众身体健康和生命安全。党的十八大以来，药品监管改革深入推进，创新、质量、效率持续提升，医药产业快速健康发展，人民群众用药需求得到更好满足。随着改革不断向纵深推进，药品监管体系和监管能力存在的短板问题日益凸显，影响了人民群众对药品监管改革的获得感。为全面加强药品监管能力建设，更好保护和促进人民群众身体健康，经国务院同意，现提出以下意见。

一、总体要求

以习近平新时代中国特色社会主义思想为指导，全面贯彻党的十九大和十九届二中、三中、四中、五中全会精神，切实增强“四个意识”、坚定“四个自信”、做到“两个维护”，认真落实党中央、国务院决策部署，坚持人民至上、生命至上，落实“四个最严”要求，强基础、补短板、破瓶颈、促提升，对标国际通行规则，深化审评审批制度改革，持续推进监管创新，加强监管队伍建设，按照高质量发展要求，加快建立健全科学、高效、权威的药品监管体系，坚决守住药品安全底线，进一步提升药品监管工作科学化、法治化、国际化、现代化水平，推动我国从制药大国向制药强国跨越，更好满足人民群众对药品安全的需求。

二、重点任务

（一）完善法律法规体系。全面贯彻落实《中华人民共和国药品管理法》、《中华人民共和国中医药法》、《中华人民共和国疫苗管理法》和《医疗器械监督管理条例》、《化妆品监督管理条例》等，加快制修订配套法规规章。及时清理完善规范性文件，有序推进技术指南制修订，构建更加系统完备的药品监管法律法规制度体系。

（二）提升标准管理能力。加快完善政府主导、企业主体、社会参与的相关标准工作机制。继续实施国家药品标准提高行动计划。强化药品标准体系建设，完善标准管理制度措施，加强标准制修订全过程精细化管理。完善医疗器械标准体系，构建化妆品标准体系，加强国家标准、行业标准、团体标准、企业标准统筹协调。积极参与国际相关标准协调，提升与国际标准一致性程度。加强标准信息化建设，提高公共标准服务水平。

（三）提高技术审评能力。瞄准国家区域协调发展战略需求，整合现有监管资源，优化中药和生物制品（疫苗）等审评检查机构设置，充实专业技术力量。优化应急和创新药品医疗器械研审联动工作机制，鼓励新技术应用和新产品研发。充分发挥专家咨询委员会在审评决策中的作用，依法公开专家意见、审评结果和审评报告。优化沟通交流方式和渠道，增加创新药品医疗器械会议沟通频次，强化对申请人的技术指导和服务。健全临床急需境外已上市药品进口相关制度。建立国家药物毒理协作研究机制，强化对药品中危害物质的识别与控制。

（四）优化中药审评机制。遵循中药研制规律，建立中医药理论、人用经验、临床试验相结合的中药特色审评证据体系，重视循证医学应用，探索开展药品真实世界证据研究。优化中成药注册分类，加强创新药、改良型新药、古代经典名方中药复方制剂、同名同方药管理。完善技术指导原则体系，加强全过程质量控制，促进中药传承创新发展。

（五）完善检查执法体系。落实关于建立职业化专业化药品检查员队伍的有关部署，加快构建有效满足各级药品监管工作需求的检查员队伍体系。针对新冠肺炎疫情防控和重大案件查办中暴露的突出问题，各省（自治区、直辖市）要依托现有资源加强药品检查机构建设，充实检查员队伍，延伸监管触角。创新检查方式方法，强化检查的突击性、实效性。加强境外检查，把好进口药品质量关。建立检查力量统一调派机制。国家药品检查机构根据重大监管任务需要，统一指挥调派各级检查员。省级药品监管部门根据检查稽查工作需要，统筹调派辖区内药品检查员。鼓励市县从事药品检验检测等人员取得药品检查员资格，参与药品检查工作。

（六）完善稽查办案机制。加强药品稽查队伍建设，强化检查稽查协同和执法联动，完善省级市场监管与药品监管工作机制。推动落实市县药品监管能力标准化建设要求，市县级市场监管部门要在综合执法队伍中加强药品监管执法力量配备，确保其具备与监管事权相匹配的专业监管人员、经费和设备等条件。各级药品监管部门与公安机关建立健全行刑衔接机制，及时通报重大案件信息、移送涉嫌药品犯罪案件，严厉打击药品尤其是疫苗违法犯罪行为。

（七）强化监管部门协同。落实监管事权划分，加强跨区域跨层级药品监管协同指导，强化国家、省、市、县四级负责药品监管的部门在药品全生命周期的监管协同。加强省级药品监管部门对市县级市场监管部门药品监管工作的监督指导，健全信息通报、联合办案、人员调派等工作衔接机制，完善省、市、县药品安全风险会商机制，形成药品监管工作全国一盘棋格局。

（八）提高检验检测能力。瞄准国际技术前沿，以中国食品药品检定研究院为龙头、国家药监局重点实验室为骨干、省级检验检测机构为依托，完善科学权威的药品、医疗器械和化妆品检验检测体系。加快推进创新疫苗及生物技术产品评价与检定国家重点实验室建设，纳入国家实验室体系。持续加强医疗器械检验检测机构建设，加快建设化妆品禁限用物质检验检测和安全评价实验室，补齐检验检测能力短板。省级检验检测机构要加强对市县级检验检测机构的业务指导,开展能力达标建设。

（九）提升生物制品（疫苗）批签发能力。巩固提升中国食品药品检定研究院生物制品（疫苗）批签发能力,推进省级药品检验检测机构的批签发能力建设,依法依规将符合要求的省级药品检验检测机构指定为国家生物制品（疫苗）批签发机构。

（十）建设国家药物警戒体系。加强药品、医疗器械和化妆品不良反应（事件）监测体系建设和省、市、县级药品不良反应监测机构能力建设。制定药物警戒质量管理规范,完善信息系统,加强信息共享,推进与疾控机构疑似预防接种异常反应监测系统数据联动应用。

（十一）提升化妆品风险监测能力。整合化妆品技术审评审批、监督抽检、现场检查、不良反应监测、投诉举报、舆情监测、执法稽查等方面的风险信息,构建统一完善的风险监测系统,形成协调联动的工作机制。推进化妆品安全风险物质高通量筛查平台、快检技术、网络监测等方面能力建设,逐步实现化妆品安全风险的及时监测、准确研判、科学预警和有效处置。

（十二）完善应急管理体系。完善各级人民政府药品安全事件应急预案,健全应急管理机制。强化应对突发重特大公共卫生事件中检验检测、体系核查、审评审批、监测评价等工作的统一指挥与协调。加强国家药监局安全应急演练中心建设,开展常态化药品安全应急演练,提高各级负责药品监管机构的应急处置能力。建立国家参考品原料样本应急调用机制,有效维护应急检验设备设施,强化应急关键技术研发。

（十三）完善信息化追溯体系。制定统一的药品信息化追溯标准,实行药品编码管理,落实药品上市许可持有人追溯责任。构建全国药品追溯协同平台,整合药品生产、流通、使用等环节追溯信息,从疫苗、血液制品、特殊药品等开始,逐步实现药品来源可查、去向可追。逐步实施医疗器械唯一标识,加强与医疗管理、医保管理等衔接。发挥追溯数据在风险防控、产品召回、应急处置等工作中的作用，提升监管精细化水平。

（十四）推进全生命周期数字化管理。加强药品、医疗器械和化妆品监管大数据应用，提升从实验室到终端用户全生命周期数据汇集、关联融通、风险研判、信息共享等能力。强化药品、医疗器械和化妆品品种档案建设与应用，加强政府部门和行业组织、企业、第三方平台等有关数据开发利用，研究探索基于大数据的关键共性技术与应用，推进监管和产业数字化升级。

（十五）提升"互联网 + 药品监管"应用服务水平。推动工业互联网在疫苗、血液制品、特殊药品等监管领域的融合应用。建立健全药品注册电子通用技术文档系统和医疗器械注册电子申报信息化系统，推进审评审批和证照管理数字化、网络化。加快推进化妆品监管领域移动互联应用，提升办事效率与服务水平。推进各层级、各单位监管业务系统互联互通、共享共用，逐步实现"一网通办"、"跨省通办"。坚持以网管网，推进网络监测系统建设，加强网络销售行为监督检查，强化网络第三方平台管理，提高对药品、医疗器械和化妆品网络交易的质量监管能力。

（十六）实施中国药品监管科学行动计划。紧跟世界药品监管科学前沿，加强监管政策研究，依托高等院校、科研机构等建立药品监管科学研究基地，加快推进监管新工具、新标准、新方法研究和应用。将药品监管科学研究纳入国家相关科技计划，重点支持中药、生物制品（疫苗）、基因药物、细胞药物、人工智能医疗器械、医疗器械新材料、化妆品新原料等领域的监管科学研究，加快新产品研发上市。

（十七）提升监管队伍素质。强化专业监管要求，严把监管队伍入口关，优化年龄、专业结构。加大培养力度，有计划重点培养高层次审评员、检查员，加强高层次国际化人才培养，实现核心监管人才数量、质量"双提升"。各省（自治区、直辖市）要结合本地医药产业发展和监管任务实际情况，完善省级职业化专业化药品检查员培养方案,加强对省、市、县各级药品监管人员培训和实训,不断提高办案能力,缩小不同区域监管能力差距。加强国家药品监管实训基地建设,打造研究、培训、演练一体的教育培训体系。充分运用信息化技术,建设并推广使用云平台,提升教育培训可及性和覆盖面。

(十八)提升监管国际化水平。适应药品监管全球化需要,深入参与国际监管协调机制,积极参与国际规则制定。加强与主要贸易国和地区、"一带一路"重点国家和地区的药品监管交流合作。以重点产品、重点领域为突破口,推动实现监管互认。借鉴国际经验,健全国家药品监管质量管理体系,鼓励地方药品监管能力和水平提档升级,推动京津冀、粤港澳大湾区、长三角等区域药品监管能力率先达到国际先进水平。

三、保障措施

(十九)加强组织领导。各地要认真履行药品安全尤其是疫苗安全的政治责任,坚持党政同责,做到守土有责、守土尽责。各省级人民政府要建立药品安全协调机制,加强对药品监管工作的领导。地方各级人民政府要落实药品安全属地管理责任,完善药品安全责任制度,健全考核评估体系,对本地区药品安全工作依法承担相应责任。

(二十)完善治理机制。压实药品安全企业主体责任,发挥行业协会自律作用。加强药品管理相关部门协调联动,加强药品监管与医疗管理、医保管理的数据衔接应用,实现信息资源共享,形成药品安全治理合力。实施药品安全信用监管,依法依规建立严重违法失信名单判定标准、公示制度和信息共享机制,并实施信用联合惩戒。

(二十一)强化政策保障。创新完善适合药品监管工作特点的经费保障政策,合理安排监管经费。建立审评审批企业收费动态调整制度。将审评、检查、检验、监测评价、标准管理等技术支撑服务纳入政府购买服务范围,优化经费支出结构,提升购买服务效能。通过专项转移支付支持地方药品监管工作。

（二十二）优化人事管理。科学核定履行审评、检查、检验、监测评价、标准管理等职能的技术机构人员编制数量。设立首席科学家岗位，引进具有国际监管经验、熟悉中国产业实际的高级专业人才。创新完善人力资源政策，在公开招聘、岗位设置、职称评聘、薪酬待遇保障等方面强化政策支持力度，破除人才职业发展瓶颈。合理核定相关技术支撑机构的绩效工资总量，在绩效工资分配时可向驻厂监管等高风险监管岗位人员倾斜，更好体现工作人员的技术劳务价值。

（二十三）激励担当作为。加强药品监管队伍思想政治建设，教育引导干部切实增强干事创业的积极性、主动性、创造性，忠实履行药品监管政治责任。树立鲜明用人导向，坚持严管和厚爱结合、激励和约束并重，鼓励干部锐意进取、担当作为。加强人文关怀，努力解决监管人员工作和生活后顾之忧。优化人才成长路径，健全人才评价激励机制，激发监管队伍的活力和创造力。对作出突出贡献的单位和个人，按照国家有关规定给予表彰奖励，推动形成团结奋进、积极作为、昂扬向上的良好风尚。

国务院办公厅关于对2020年落实有关重大政策措施真抓实干成效明显地方予以督查激励的通报

（2021年4月30日　国办发〔2021〕17号）

为进一步推动党中央、国务院重大决策部署贯彻落实，充分激发和调动各地担当作为、干事创业的积极性、主动性和创造性，根据《国务院办公厅关于对真抓实干成效明显地方进一步加大激励支持力度的通知》（国办发〔2018〕117号），结合国务院大督查、专项督查、“互联网+督查”和部门日常督查情况，经国务院同意，对2020年落实稳就业保民生、打好三大攻坚战、深化“放管服”改革优化营商环境、推动创新驱动发展、实施乡村振兴战略等有关重大政策措施真抓实干、取得明显成效的216个地方予以督查激励，相应采取30项奖励支持措施。希望受到督查激励的地方充分发挥模范表率作用，再接再厉，取得新的更大成绩。

2021年是实施“十四五”规划、开启全面建设社会主义现代化国家新征程的第一年。各地区、各部门要在以习近平同志为核心的党中央坚强领导下，以习近平新时代中国特色社会主义思想为指导，全面贯彻党的十九大和十九届二中、三中、四中、五中全会精神，坚持稳中求进工作总基调，立足新发展阶段、贯彻新发展理念、构建新发展格局，推动高质量发展，巩固拓展疫情防控和经济社会发展成果，扎实做好“六稳”工作、全面落实“六保”任务，结合自身实际，积极开拓创新，勇于攻坚克难，增强抓落实的主动性和自觉性，力戒形式主义、官僚主义，确保“十四五”开好局起好步，以优异成绩庆祝中国共产党成立100周年。

附件：2020年落实有关重大政策措施真抓实干成效明显的地方名单及激励措施

附件

2020年落实有关重大政策措施真抓实干成效明显的地方名单及激励措施

一、在2020年脱贫攻坚成效考核中认定为完成年度计划、减贫成效显著、综合评价好的地方

河北省，山西省，内蒙古自治区，吉林省，黑龙江省，安徽省，江西省，河南省，湖北省，湖南省，广西壮族自治区，海南省，重庆市，四川省，贵州省，云南省，西藏自治区，陕西省，甘肃省，青海省，宁夏回族自治区，新疆维吾尔自治区。（按行政区划排列，下同）

2021 年对上述地方在中央财政衔接推进乡村振兴补助资金分配中给予一定奖励。(财政部、国家乡村振兴局组织实施)

二、易地扶贫搬迁工作积极主动、成效明显的地方

湖北省,湖南省,四川省,云南省,新疆维吾尔自治区。

2021 年对上述地方进一步加大易地扶贫搬迁后续扶持工作支持力度,并在以工代赈资金安排上予以倾斜,支持脱贫地区改善基础设施条件。(国家发展改革委组织实施)

三、环境治理工程项目推进快,重点区域大气、重点流域水环境质量明显改善的地方

河北省保定市,辽宁省营口市,福建省三明市,广东省东莞市,广西壮族自治区柳州市。

2021 年中央财政年度污染防治资金下达后,由有关省份统筹中央财政切块下达的资金,安排一定比例对上述地方给予奖励。(生态环境部、财政部组织实施)

四、河长制湖长制工作推进力度大、河湖管理保护成效明显的地方

辽宁省大连市金州区,黑龙江省齐齐哈尔市,江苏省南京市高淳区,福建省泉州市,山东省日照市,河南省郏县,湖北省十堰市,湖南省长沙市,广东省深圳市,广西壮族自治区鹿寨县,重庆市永川区,四川省雅安市,贵州省黔西市,云南省腾冲市,西藏自治区噶尔县,宁夏回族自治区彭阳县,新疆维吾尔自治区布尔津县。

2021 年对上述地方在安排中央财政水利发展资金时适当倾斜,给予每个市 2000 万元、每个县(市、区)1000 万元奖励,用于河长制湖长制及河湖管理保护工作。(水利部、财政部组织实施)

五、防范化解金融风险、营造诚实守信金融生态环境、维护良好金融秩序、健全金融消费者权益保护机制成效较好的地方

北京市,江苏省,浙江省,山东省,广东省。

2021 年支持上述地方或其辖内地区开展金融改革创新先行先试,在同等条件下对其申报金融改革试验区等给予重点考虑和支持，在相关领域加大再贷款、再贴现的支持力度，鼓励符合条件的全国性股份制银行在上述地方开设分支机构，支持符合条件的企业发行“双创”公司债券、绿色债券等金融创新产品。（人民银行、银保监会、证监会组织实施）

六、开展农村人居环境整治成效明显的地方

北京市密云区，河北省秦皇岛市北戴河区，上海市浦东新区，江苏省太仓市，浙江省建德市，福建省上杭县，江西省井冈山市，河南省信阳市平桥区，湖南省浏阳市，广东省广州市从化区，重庆市九龙坡区，四川省北川羌族自治县，云南省开远市，陕西省凤县，甘肃省卓尼县，宁夏回族自治区隆德县，新疆生产建设兵团第一师阿拉尔市。

2021 年对上述地方在中央财政分配年度农村综合改革转移支付时，各给予 2000 万元激励支持，主要用于“厕所革命”整村推进、村容村貌整治提升等农村人居环境整治相关建设。（农业农村部、国家乡村振兴局、财政部组织实施）

七、深化商事制度改革成效显著、落实事中事后监管等相关政策措施社会反映好的地方

北京市通州区，天津市滨海新区，吉林省长春市，黑龙江省齐齐哈尔市，上海市徐汇区，江苏省徐州市，浙江省舟山市，安徽省六安市，福建省厦门市，江西省鹰潭市月湖区，山东省威海市文登区，河南省驻马店市，湖北省襄阳市，湖南省长沙县，广东省深圳市，海南省文昌市，重庆市大渡口区，四川省攀枝花市，陕西省安康市，新疆维吾尔自治区克拉玛依市。

2021 年对上述地方优先选择为企业登记注册便利化改革、企业年报制度改革、社会共治、企业信用风险监管、大数据监管、信用修复等商事制度改革、事中事后监管工作的试点地区；优先授予外商投资企业登记注册权限；在国家广告产业园区认定中优先给予支持。（市场监管总局组织实施）

八、促进外贸、外资稳定增长，积极优化营商环境成效明显的地方

江苏省，浙江省，安徽省，江西省，山东省，四川省。

2021 年对上述地方培育国家外贸转型升级基地给予优先支持。（商务部组织实施）

九、促进社会投资健康发展、企业债券发行、债券品种创新与风险防范等工作成效明显的地方

上海市浦东新区，江苏省苏州市，浙江省杭州市，安徽省安庆市，江西省上饶市，山东省济南市，湖南省株洲市，广东省深圳市福田区，四川省遂宁市。

从 2021 年起两年内，对上述地方行政区域内企业申请企业债券实行“直通车”机制（企业直接向国家发展改革委指定的受理机构申报，实行“即报即审”，审核时间由 15 个工作日缩短到 5 个工作日）。（国家发展改革委组织实施）

十、年度固定资产投资保持稳定增长，中央预算内投资项目开工、投资完成等情况较好的地方

江西省，湖南省，广西壮族自治区，云南省，新疆维吾尔自治区。

2021 年对上述地方在中央预算内投资既有专项中安排投资，用于奖励支持其相关专项项目建设。（国家发展改革委组织实施）

十一、财政预算执行、盘活财政存量资金、国库库款管理、推进财政资金统筹使用、预算公开等财政管理工作完成情况好的地方

河北省保定市、威县，江苏省苏州市、沭阳县，浙江省杭州市、德清县，安徽省合肥市、肥东县，福建省厦门市湖里区，山东省日照市、兰陵县，湖南省长沙市、长沙县，广东省东莞市、广州市增城区，云南省昆明市、开远市，陕西省铜川市、镇巴县。

2021 年对上述地方利用年度预算中单独安排的资金等予以奖励，每个市奖励资金不低于 2000 万元，每个县（市、区）奖励资金不低于 1000 万元，适当体现向中、西部地区倾斜。（财政部组

织实施）

十二、公路水路交通建设年度目标任务完成情况好、地方投资落实到位、促进社会资本进入交通建设领域措施有力、交通债务风险防控工作落实有力的地方

浙江省，江西省，山东省，广东省，广西壮族自治区，云南省。

2021年对上述地方申报的具备条件的交通建设项目，优先列入三年滚动投资计划、优先安排中央交通建设资金；对上述地方各新增安排中央资金5000万元，用于交通项目建设。（交通运输部、财政部组织实施）

十三、地方水利建设投资落实好、中央水利建设投资计划完成率高的地方

浙江省，安徽省，河南省，广东省，贵州省。

2021年对上述地方在安排年度中央预算内水利投资计划时给予适当奖励，各增加安排中央预算内投资1000万元，相应减少地方配套投资。（水利部、国家发展改革委组织实施）

十四、土地节约集约利用成效好、闲置土地少且用地需求量较大的地方

天津市西青区、蓟州区，辽宁省海城市、喀喇沁左翼蒙古族自治县，江苏省丰县、泰兴市，浙江省嘉善县、义乌市，福建省三明市，江西省芦溪县、兴国县，湖北省宜昌市，湖南省浏阳市、澧县，云南省禄劝彝族苗族自治县、楚雄市。

2021年对上述地方按照每个市2000亩、每个县（市、区）1000亩的标准奖励用地计划指标，在安排全国土地利用计划时单独列出。（自然资源部组织实施）

十五、按时完成高标准农田建设任务且成效显著的地方

黑龙江省，安徽省，河南省，四川省，甘肃省。

2021年对上述地方在分配中央财政资金时予以倾斜支持（原则上不低于上年激励力度），用于高标准农田建设。（农业农村部组织实施）

十六、推进农产品流通现代化、积极发展农村电商和产销对接成效明显的地方

辽宁省庄河市，江苏省丰县，浙江省瑞安市，安徽省桐城市，福建省武夷山市，山东省诸城市，湖南省醴陵市，四川省峨眉山市，陕西省武功县，新疆维吾尔自治区阿克苏市。

2021年对上述地方在电子商务进农村综合示范中优先支持，并给予专项资金扶持。（商务部、财政部组织实施）

十七、实施创新驱动发展战略、推进自主创新和发展高新技术产业成效明显的地方

北京市，江西省，湖南省，广东省。

2021年对上述地方优先支持其行政区域内1家符合条件的国家自主创新示范区或国家高新技术产业开发区扩区或调整区位，优先支持其行政区域内1家符合条件且发展基础较好的省级高新技术产业开发区升级为国家高新技术产业开发区。（科技部组织实施）

十八、改善地方科研基础条件、优化科技创新环境、促进科技成果转移转化以及落实国家科技改革与发展重大政策成效较好的地方

北京市，浙江省，河南省，广东省。

2021年对上述地方在中央引导地方科技发展资金分配中的绩效目标完成情况因素予以加分奖励，加大资金倾斜支持力度。（科技部、财政部组织实施）

十九、在推动“双创”政策落地、促进创业带动就业、加强融通创新、扶持“双创”支撑平台、构建“双创”发展生态、打造“双创”升级版等方面大胆探索、勇于尝试、成效明显的区域“双创”示范基地

北京市海淀区，山西转型综合改革示范区学府产业园区，吉林长春新区，上海市徐汇区，江苏省南京市雨花台区，浙江省宁波市鄞州区，福建省厦门火炬高技术产业开发区，山东省威海火炬高技术产业开发区，湖北省武汉东湖新技术开发区，湖南省湘潭高新技术产业开发区，广东省深圳市南山区，重庆两江新区，四川天府新区。

2021年对上述区域"双创"示范基地优先支持创新创业支撑平台建设，在中央预算内投资安排等方面予以重点倾斜；对区域内符合条件的创新创业项目，优先推介与国家新兴产业创业投资引导基金、国家级战略性新兴产业发展基金、国家中小企业发展基金等对接；优先支持区域内创新创业成果在全国"双创"活动周主会场重点展示；优先支持举办"创响中国"等重大活动，宣传推广形成的好经验好做法。（国家发展改革委组织实施）

二十、促进工业稳增长和转型升级、实施技术改造成效明显的地方

吉林省长春市，安徽省合肥市，福建省厦门市，山东省青岛市，河南省洛阳市，湖南省株洲市，广东省深圳市，重庆市荣昌区，四川省自贡市。

2021年对上述地方在新型工业化产业示范基地、工业企业技术改造升级导向计划安排，制造业单项冠军及其他示范项目、示范企业、示范平台评定等方面予以优先支持。（工业和信息化部组织实施）

二十一、大力培育发展战略性新兴产业、产业特色优势明显、技术创新能力较强、产业基础雄厚的地方

天津市滨海新区，上海市浦东新区，江苏省昆山市，浙江省杭州市滨江区，安徽省合肥市蜀山区，福建省厦门市海沧区，山东省济南市历下区，河南省郑州市金水区，湖北省武汉市洪山区，湖南省长沙县，广东省广州市黄埔区，四川省成都市温江区。

2021年对上述地方战略性新兴产业集群建设，优先将重点项目纳入国家重大建设项目储备库、给予较大额度和较长期优质信贷支持，在国家认定企业技术中心等创新平台申报中给予名额倾斜，推动国家级战略性新兴产业发展基金优先在上述地方设立子基金。（国家发展改革委会同有关部门组织实施）

二十二、老工业基地调整改造力度较大，支持传统产业改造、培育新产业新业态新模式、承接产业转移和产业合作等工作成效突出的地方

山西省长治市，辽宁省盘锦市，黑龙江省大庆市，江苏省常州市，河南省洛阳市，湖北省黄石市，湖南省湘潭市，广东省韶关市，四川省自贡市，贵州省六盘水市。

2021 年对上述地方优先支持在老工业基地振兴有关重大改革和重大政策方面先行先试，支持创建国家创新型产业集群和新型工业化产业示范基地，在安排产业转型升级示范区和重点园区建设中央预算内资金时各奖励 2000 万元。（国家发展改革委会同有关部门组织实施）

二十三、培育壮大接续替代产业、保障和改善民生、加强生态环境整治、着力解决历史遗留问题等转型成效突出的地方

江苏省徐州市贾汪区，安徽省铜陵市，江西省景德镇市，山东省枣庄市，河南省濮阳市，湖北省黄石市，四川省泸州市。

2021 年对上述地方在资源型地区经济转型重大改革和重大政策方面先行先试，在安排资源型地区转型发展中央预算内投资专项资金时增加资金分配系数；中央财政在安排资源枯竭城市转移支付时予以倾斜支持。（国家发展改革委、财政部会同有关部门组织实施）

二十四、推进质量工作成效突出的地方

北京市西城区，内蒙古自治区包头市，辽宁省沈阳市，上海市松江区，江苏省南通市海门区，浙江省湖州市南浔区，山东省青岛市黄岛区，湖北省武汉市，宁夏回族自治区银川市，新疆维吾尔自治区昌吉市。

2021 年对上述地方在质量工作改革创新先行先试、国家质量基础设施协同服务及应用示范基地建设、质量技术机构优先布局建设等方面，予以激励支持。（市场监管总局组织实施）

二十五、校企合作推进力度大、职业教育发展环境好、推进职业教育改革成效明显的地方

辽宁省,江西省,广东省,四川省,甘肃省。

2021 年对上述地方优先纳入职业教育改革、产教融合建设试点,在中国特色高水平高职学校和专业建设、现代职业教育质量提升计划资金中予以倾斜支持。(教育部会同有关部门组织实施)

二十六、落实鼓励和支持就业创业政策措施工作力度大,促进失业人员、就业困难人员及各类重点群体就业创业等任务完成较好的地方

浙江省,安徽省,湖南省,广东省。

2021 年对上述地方在安排中央财政就业补助资金时予以倾斜支持。(财政部、人力资源社会保障部组织实施)

二十七、棚户区改造、农村危房改造工作积极主动、成效明显的地方

棚户区改造:江苏省徐州市,浙江省杭州市,安徽省亳州市,山东省青岛市,河南省郑州市,湖南省湘潭市,广东省深圳市,广西壮族自治区柳州市,四川省遂宁市;农村危房改造:北京市房山区,河北省滦平县,山西省平顺县,吉林省双辽市,黑龙江省拜泉县,安徽省宣城市宣州区,福建省寿宁县,江西省鄱阳县,山东省泗水县,河南省嵩县,湖北省安陆市,湖南省保靖县,广西壮族自治区大化瑶族自治县,四川省三台县,贵州省长顺县,云南省会泽县,西藏自治区工布江达县,陕西省白河县,青海省大通回族土族自治县,新疆维吾尔自治区昌吉市。

2021 年对棚户区改造工作成效明显的地方,在安排保障性安居工程中央预算内投资和中央财政城镇保障性安居工程补助资金时,给予适当奖励或倾斜支持;对农村危房改造工作成效明显的地方,在安排中央财政农村危房改造补助资金时,给予适当奖励或倾斜支持。(住房城乡建设部、国家发展改革委、财政部组织实施)

二十八、公立医院综合改革成效较为明显的地方

北京市东城区，河北省唐县，山西省介休市，内蒙古自治区突泉县，上海市长宁区，浙江省开化县，江西省丰城市，河南省郏县，湖北省潜江市，湖南省醴陵市，重庆市永川区，四川省大竹县，贵州省赤水市，甘肃省玉门市，青海省互助土族自治县，宁夏回族自治区西吉县，新疆维吾尔自治区拜城县，新疆生产建设兵团第十师北屯市。

2021 年对上述地方在公立医院综合改革中央财政补助资金分配中予以倾斜，各单独安排奖励资金 500 万元。（国家卫生健康委、财政部组织实施）

二十九、落实养老服务业支持政策积极主动、养老服务体系建设成效明显的地方

推进养老项目建设：浙江省，贵州省；健全养老服务体系：上海市，新疆维吾尔自治区。

2021 年对推进养老项目建设成效明显的地方，在安排年度养老服务体系建设中央预算内投资计划时，在原有投资分配基础上增加 5% 的奖励；对健全养老服务体系成效明显的地方，在安排年度福利彩票公益金补助地方老年人福利类项目资金时，通过工作绩效因素予以资金倾斜。（国家发展改革委、财政部、民政部组织实施）

三十、落实有关重大政策措施成效明显、创造典型经验做法且受到国务院督查表扬的地方

北京市海淀区，河北省保定市，黑龙江省齐齐哈尔市，上海市徐汇区，江苏省徐州市，浙江省杭州市滨江区，福建省将乐县，河南省濮阳市，湖北省宜昌市，湖南省长沙县，广东省广州市黄埔区，陕西省咸阳市，青海省尖扎县，新疆维吾尔自治区克拉玛依市，新疆生产建设兵团第一师阿拉尔市。

2021 年对上述地方在国务院办公厅组织开展的国务院大督查及专项督查中予以“免督查”。（国务院办公厅组织实施）

国务院办公厅关于推动公立医院高质量发展的意见

（2021 年 5 月 14 日　国办发〔2021〕18 号）

公立医院是我国医疗服务体系的主体，近年来特别是党的十八大以来，公立医院改革发展作为深化医药卫生体制改革的重要内容，取得重大阶段性成效，为持续改善基本医疗卫生服务公平性可及性、防控新冠肺炎等重大疫情、保障人民群众生命安全和身体健康发挥了重要作用。为推动公立医院高质量发展，更好满足人民日益增长的医疗卫生服务需求，经国务院同意，现提出以下意见。

一、总体要求

以习近平新时代中国特色社会主义思想为指导，全面贯彻党的十九大和十九届二中、三中、四中、五中全会精神，坚持以人民健康为中心，加强公立医院主体地位，坚持政府主导、公益性主导、公立医院主导，坚持医防融合、平急结合、中西医并重，以建立健全现代医院管理制度为目标，强化体系创新、技术创新、模式创新、管理创新，加快优质医疗资源扩容和区域均衡布局，力争通过 5 年努力，公立医院发展方式从规模扩张转向提质增效，运行模式从粗放管理转向精细化管理，资源配置从注重物质要素转向更加注重人才技术要素，为更好提供优质高效医疗卫生服务、防范化解重大疫情和突发公共卫生风险、建设健康中国提供有力支撑。

二、构建公立医院高质量发展新体系

（一）打造国家级和省级高水平医院。以推动国家医学进步为目标，依托现有资源规划设置国家医学中心、临床医学研究中心、区域医疗中心（均含中医，下同）和中医药传承创新中心，形成临床重点专科群，集中力量开展疑难危重症诊断治疗技术攻关，开展前沿医学科技创新研究和成果转化，实施高层次医学人才培养，带动全国医疗水平迈上新的大台阶。以省域死亡率高、外转率高的疾病为重点，强化国家级高水平医院对省级医院的技术和人才支持，加快补齐专业专科短板，提升省域诊疗能力，减少跨省就医。

（二）发挥公立医院在城市医疗集团中的牵头作用。按照网格化布局管理，组建由三级公立医院或代表辖区医疗水平的医院（含社会办医院、中医医院）牵头，其他若干家医院、基层医疗卫生机构、公共卫生机构等为成员的紧密型城市医疗集团，统筹负责网格内居民预防、治疗、康复、健康促进等一体化、连续性医疗服务。集团内各医院加强协作，结合实际建设优势专业专科，形成特色鲜明、专业互补、错位发展、有序竞争的发展格局，带动基层医疗卫生机构提升服务能力和管理水平。推进以全科医生为主体、全科专科有效联动、医防有机融合的家庭医生签约服务。加强公立医院公共卫生科室标准化建设，提升公共卫生服务能力。

（三）发挥县级医院在县域医共体中的龙头作用。按照县乡一体化、乡村一体化原则，积极发展以县级医院为龙头的紧密型县域医共体。加强县级医院（含中医医院）能力建设，提升核心专科、夯实支撑专科、打造优势专科，提高肿瘤、心脑血管、呼吸、消化和感染性疾病等防治能力，提高县域就诊率。加强城市三级医院对县级医院的对口帮扶，逐步使县级公立医院达到二级甲等水平。加强县级医院与专业公共卫生机构的分工协作和业务融合，做实公共卫生服务。加强县级医院对乡镇卫生院、村卫生室的统筹管理，发挥县级医院医务人员对家庭医生团队的技术支撑作用，提升居民健康"守门人"能力。加快实现县办中医医疗机构全覆盖，支持中医医院牵头组建县域医共体。

（四）建立健全分级分层分流的重大疫情救治体系。依托现有资源，加快推进传染病、创伤、重大公共卫生事件等专业类别的国家医学中心、区域医疗中心和省级医疗中心、省级区域医疗中心设置建设。支持部分实力强的公立医院在控制单体规模的基础上，适度建设发展多院区，发生重大疫情时迅速转换功能。每个地市选择1家综合医院针对性提升传染病救治能力,对现有独立传染病医院进行基础设施改善和设备升级。县域内依托1家县级医院,加强感染性疾病科和相对独立的传染病病区建设。发挥中医药在重大疫情防控救治中的独特作用,规划布局中医疫病防治及紧急医学救援基地,打造高水平中医疫病防治队伍。发挥军队医院在重大疫情防控救治和国家生物安全防御中的作用。持续强化医院感染防控管理,提高重大疫情应对能力。

三、引领公立医院高质量发展新趋势

(一)加强临床专科建设。以满足重大疾病临床需求为导向建设临床专科,重点发展重症、肿瘤、心脑血管、呼吸、消化、感染、儿科、麻醉、影像、病理、检验等临床专科,以专科发展带动诊疗能力和水平提升。持续改进医疗质量管理体系和标准体系,提高不同地区、不同级别公立医院医疗服务同质化水平。加大对中医医院的支持力度。加强中医优势专科建设。在"双一流"建设中加强相关学科建设。

(二)推进医学技术创新。面向生命科学、生物医药科技前沿,面向国家战略需求和医药卫生领域重大科学问题,加强基础和临床研究,推动原创性疾病预防诊断治疗新技术、新产品、新方案和新策略等的产出。强化科研攻关对重大疫情和突发公共卫生事件应对的支撑作用。推动科技成果转化,所获收益主要用于对作出重要贡献的人员给予奖励。健全职务发明制度。依托现有资源建设一批国家中医药临床研究和科技成果孵化转化基地,制定一批中医特色诊疗方案,转化形成一批中医药先进装备、中药新药。加快发展商业健康保险,促进医疗新技术进入临床使用。

(三)推进医疗服务模式创新。推广多学科诊疗模式。大力推行日间手术,提高日间手术占择期手术的比例。做实责任制整体护理,强化基础护理,开展延续护理服务。开设合理用药咨询或药物治疗管理门诊,开展精准用药服务。大力推进院前医疗急救网络建设,创新急诊急救服务模式,有效提升院前医疗急救服务能力。创新医防协同机制，建立人员通、信息通、资源通和监督监管相互制约的机制。推广中医综合诊疗模式、多专业一体化诊疗模式、全链条服务模式，实施重大疑难疾病中西医临床协作试点。

（四）强化信息化支撑作用。推动云计算、大数据、物联网、区块链、第五代移动通信（5G）等新一代信息技术与医疗服务深度融合。推进电子病历、智慧服务、智慧管理“三位一体”的智慧医院建设和医院信息标准化建设。大力发展远程医疗和互联网诊疗。推动手术机器人等智能医疗设备和智能辅助诊疗系统的研发与应用。建立药品追溯制度，探索公立医院处方信息与药品零售消费信息互联互通。

四、提升公立医院高质量发展新效能

（一）健全运营管理体系。全面落实基本医疗卫生与健康促进法等法律法规，为提升医院治理能力和水平提供法治保障。整合医疗、教学、科研等业务系统和人、财、物等资源系统，建立医院运营管理决策支持系统，推动医院运营管理的科学化、规范化、精细化。以大数据方法建立病种组合标准体系，形成疾病严重程度与资源消耗在每一个病组的量化治疗标准、药品标准和耗材标准等，对医院病例组合指数（CMI）、成本产出、医生绩效等进行监测评价，引导医院回归功能定位，提高效率、节约费用，减轻患者就医负担。

（二）加强全面预算管理。以医院战略发展规划和年度计划目标为依据，实行全口径、全过程、全员性、全方位预算管理，贯穿预算编制、审批、执行、监控、调整、决算、分析、考核等各环节，从数量、质量、实效、成本、效益等方面实施预算绩效管理，强化预算约束，促进资源有效分配和使用。定期公开医院相关财务信息，主动接受社会监督。

（三）完善内部控制制度。以业务管理和经济管理的重大风险、重大事件、重要流程为重点，开展风险评估和内部控制评价，强化内部授权审批控制、预算控制、资产控制、会计控制、政府采购控制、信息公开控制等，防范财务风险、业务风险、法律风险和廉政风险。强化成本消耗关键环节的流程管理,降低万元收入能耗支出。推广医院后勤"一站式"服务。

(四)健全绩效评价机制。坚持和强化公益性导向,全面开展公立医院绩效考核,持续优化绩效考核指标体系,重点考核医疗质量、运营效率、持续发展、满意度评价等。改革公立医院内部绩效考核办法,以聘用合同为依据,以岗位职责完成情况为重点,将考核结果与薪酬分配挂钩。完善城市医疗集团和县域医共体绩效考核制度,促进资源下沉,提高基层服务能力和居民健康水平。

五、激活公立医院高质量发展新动力

(一)改革人事管理制度。合理制定并落实公立医院人员编制标准,建立动态核增机制。落实公立医院用人自主权,对编制内外人员待遇统筹考虑。落实岗位管理制度,按照医、护、药、技、管等不同类别合理设置岗位,科学编制岗位责任书,实行竞聘上岗、合同管理,激励人才脱颖而出。增加护士配备,逐步使公立医院医护比总体达到1:2左右。

(二)改革薪酬分配制度。落实"允许医疗卫生机构突破现行事业单位工资调控水平,允许医疗服务收入扣除成本并按规定提取各项基金后主要用于人员奖励"要求,合理确定、动态调整公立医院薪酬水平,合理确定人员支出占公立医院业务支出的比例。建立主要体现岗位职责和知识价值的薪酬体系,实行以岗定责、以岗定薪、责薪相适、考核兑现。在核定的薪酬总量内,公立医院可采取多种方式自主分配。医院可自主设立体现医疗行业特点、劳动特点和岗位价值的薪酬项目,充分发挥各项目的保障和激励作用,更加注重发挥薪酬制度的保障功能。鼓励对主要负责人实行年薪制。

(三)健全医务人员培养评价制度。强化医学生早临床、多临床、反复临床,加强医学人文教育。落实住院医师规范化培训、专科医师规范化培训和继续医学教育制度,加强中医药师承教育。加快培养高层次复合型医学人才,造就一批具有国际水平的战略人才、领军人才和创新团队。加强老年、儿科、重症、传染病等紧缺护理专业护士的培养培训，推动护理岗位科学管理，提升护理服务水平。改革完善人才评价机制，坚持分层分类评价，合理设置评价标准，突出品德能力业绩导向，增加临床工作数量和质量指标，探索实行成果代表作制度，淡化论文数量要求。稳慎下放职称评审权限，探索在岗位设置合理、人事管理完善、具有自主评审意愿的三级公立医院试点自主开展高级职称评审。

（四）深化医疗服务价格改革。稳妥有序试点探索医疗服务价格优化。建立健全适应经济社会发展、更好发挥政府作用、医疗机构充分参与、体现技术劳务价值的医疗服务价格形成机制。统筹兼顾医疗发展需要和各方承受能力，调控医疗服务价格总体水平。建立灵敏有序的价格动态调整机制，定期开展调价评估，达到启动条件的要稳妥有序调整医疗服务价格，理顺比价关系，支持公立医院优化收入结构，提高医疗服务收入（不含药品、耗材、检查、化验收入）占医疗收入的比例。加快审核新增医疗服务价格项目。

（五）深化医保支付方式改革。推行以按病种付费为主的多元复合式医保支付方式，开展按疾病诊断相关分组付费国家试点，开展区域点数法总额预算和按病种分值付费试点，探索按床日付费、门诊按人头付费。探索对紧密型医疗联合体实行总额付费，加强监督考核，结余留用、合理超支分担。科学制定医保总额预算，合理确定、动态调整按病种、按床日、按人头等的付费标准。规范医保协议管理，明确结算时限，细化结算规则，确保基金及时足额拨付。指导推动公立医院积极参与国家组织药品和医用耗材集中采购使用改革，落实医保资金结余留用政策。鼓励各地探索符合中医药特点的医保支付方式。

六、建设公立医院高质量发展新文化

（一）强化患者需求导向。坚守纯粹医者信念，尊重医学科学规律，遵守医学伦理道德，遵循临床诊疗技术规范，为人民群众提供安全、适宜、优质、高效的医疗卫生服务。持续改善医疗服务，推行分时段预约诊疗和检查检验集中预约服务，开展诊间（床旁）结算、检查检验结果互认等服务。加强患者隐私保护，开展公益慈善和社工、志愿者服务，建设老年友善医院。加大健康教育和宣传力度，做好医患沟通交流，增进理解与信任，为构建和谐医患关系营造良好社会氛围。

（二）建设特色鲜明的医院文化。挖掘整理医院历史、文化特色和名医大家学术思想、高尚医德，提炼医院院训、愿景、使命，凝聚支撑医院高质量发展的精神力量。大力弘扬伟大抗疫精神和崇高职业精神，激发医务人员对工作极端负责、对人民极端热忱、对技术精益求精的不竭动力，唱响大医精诚、医者仁心主旋律，以充满人文关怀的医疗服务赢得患者、社会的信任和尊重。

（三）关心关爱医务人员。建立保护关心爱护医务人员长效机制。改善医务人员工作环境和条件，减轻工作负荷，落实学习、工作、休息和带薪休假制度，维护医务人员合法权益。鼓励公立医院通过设立青年学习基金等多种方式，关心年轻医务人员成长。健全职工关爱帮扶机制，切实解决医务人员实际困难。建立医务人员职业荣誉制度。加强医院安全防范，强化安保队伍建设，完善必要安检设施。将解决医疗纠纷纳入法治轨道，健全完善医疗纠纷预防和处理机制，依法严厉打击医闹、暴力伤医等涉医违法犯罪行为，坚决保护医务人员安全。

七、坚持和加强党对公立医院的全面领导

（一）全面执行和落实党委领导下的院长负责制。公立医院党委发挥把方向、管大局、作决策、促改革、保落实的领导作用，集体研究决定重大问题。健全完善医院党委会和院长办公会议事决策制度，建立书记、院长定期沟通和党委领导下的院长负责制执行情况报告制度，着力构建党委统一领导、党政分工合作、协调运行的工作机制。在公立医院章程中明确党建工作的内容和要求，明确党委研究决定医院重大问题的机制，把党的领导融入医院治理全过程各方面各环节，把党的建设各项要求落到实处。

（二）加强公立医院领导班子和干部人才队伍建设。选优配强医院领导班子成员特别是党委书记和院长。党委书记和院长分设的，党委书记一般不兼任行政领导职务，院长是中共党员的同时担任党委副书记。坚持党管干部原则，医院党委要按照干部选拔任用有关规定，制定实施医院内部组织机构负责人选拔任用具体办法。坚持党管人才原则，完善人才培养、使用和引进管理办法，建立医院领导班子成员联系服务高层次人才制度，探索建立以医德、能力、业绩为重点的人才评价体系。

（三）全面提升公立医院党组织和党员队伍建设质量。推进党支部标准化规范化建设。建立党支部参与人才引进、队伍建设、职称职级晋升、绩效考核、薪酬分配、评奖评优等重大事项讨论决策的制度机制，把好政治关、医德医风关。实施党支部书记“双带头人”培育工程。建立健全把业务骨干培养成党员、把党员培养成业务骨干的“双培养”机制。

（四）落实公立医院党建工作责任。建立健全各级党委统一领导，组织部门牵头抓总，卫生健康部门具体负责，教育、国有资产监督管理等部门齐抓共管，一级抓一级、层层抓落实的责任体系和工作格局。公立医院党委承担党建工作主体责任，党委书记是党建工作第一责任人，领导班子其他成员落实“一岗双责”。全面开展公立医院党组织书记抓基层党建述职评议考核，把党建工作成效纳入医院等级评定和巡视巡察工作内容，作为年度考核和干部选拔任用的重要依据。

八、加强组织实施

（一）落实工作责任。各地要把推动公立医院高质量发展作为深化医药卫生体制改革的重点任务，强化领导责任、保障责任、管理责任、监督责任，统筹推进公立医院高质量发展与体制机制改革。各地各有关部门要进一步深化“放管服”改革，调整完善相关政策，为公立医院高质量发展创造良好环境。

（二）落实投入责任。按规定落实政府对符合区域卫生规划公立医院的投入政策，落实对中医医院和传染病医院、精神病医院、儿童医院、妇幼保健院等专科医院的投入倾斜政策。

（三）建立评价体系。国家卫生健康委会同国家中医药局建立公立医院高质量发展评价指标体系，与公立医院绩效考核等有机结合。地方按照属地原则对辖区内公立医院高质量发展进行评价，充分考虑各级各类公立医院实际情况，不搞“一刀切”。

（四）总结推广经验。各级卫生健康行政部门、中医药主管部门要会同有关部门加强调研指导，挖掘、总结、提炼、推广典型经验，以点带面推动全国公立医院高质量发展取得实效。

国务院办公厅关于科学绿化的指导意见

（2021年5月18日　国办发〔2021〕19号）

科学绿化是遵循自然规律和经济规律、保护修复自然生态系统、建设绿水青山的内在要求，是改善生态环境、应对气候变化、维护生态安全的重要举措，对建设生态文明和美丽中国具有重大意义。为推动国土绿化高质量发展，经国务院同意，现提出以下意见。

一、总体要求

（一）指导思想。以习近平新时代中国特色社会主义思想为指导，全面贯彻党的十九大和十九届二中、三中、四中、五中全会精神，深入贯彻习近平生态文明思想，认真落实党中央、国务院决策部署，立足新发展阶段、贯彻新发展理念、构建新发展格局，践行绿水青山就是金山银山的理念，尊重自然、顺应自然、保护自然，统筹山水林田湖草沙系统治理，走科学、生态、节俭的绿化发展之路；加强规划引领，优化资源配置，强化质量监管，完善政策机制，全面推行林长制，科学开展大规模国土绿化行动，增强生态系统功能和生态产品供给能力，提升生态系统碳汇增量，推动生态环境根本好转，为建设美丽中国提供良好生态保障。

（二）工作原则。

——坚持保护优先、自然恢复为主，人工修复与自然恢复相结合，遵循生态系统内在规律开展林草植被建设，着力提高生态系统自我修复能力和稳定性。

——坚持规划引领、顶层谋划，合理布局绿化空间，统筹推进山水林田湖草沙一体化保护和修复。

——坚持因地制宜、适地适绿，充分考虑水资源承载能力，宜乔则乔、宜灌则灌、宜草则草，构建健康稳定的生态系统。

——坚持节约优先、量力而行，统筹考虑生态合理性和经济可行性，数量和质量并重，节俭务实开展国土绿化。

二、主要任务

（三）科学编制绿化相关规划。地方人民政府要组织编制绿化相关规划，与国土空间规划相衔接，叠加至同级国土空间规划"一张图"，实现多规合一。落实最严格的耕地保护制度，合理确定规划范围、绿化目标任务；城市绿化规划要满足城市健康、安全、宜居的要求。地方人民政府要加强对绿化相关规划实施的检查和督促落实，任何部门、单位或个人不得随意变更规划，不得擅自改变绿化用地面积、性质和用途。（国家林草局、国家发展改革委、自然资源部、住房城乡建设部、交通运输部、水利部等按职责分工负责，地方人民政府负责落实。以下均需地方人民政府落实，不再列出）

（四）合理安排绿化用地。各地要根据第三次全国国土调查数据和国土空间规划，综合考虑土地利用结构、土地适宜性等因素，科学划定绿化用地，实行精准化管理。以宜林荒山荒地荒滩、荒废和受损山体、退化林地草地等为主开展绿化。结合城市更新，采取拆违建绿、留白增绿等方式，增加城市绿地。鼓励特大城市、超大城市通过建设用地腾挪、农用地转用等方式加大留白增绿力度，留足绿化空间。鼓励通过农村土地综合整治，利用废弃闲置土地增加村庄绿地；结合高标准农田建设，科学规范、因害设防建设农田防护林。依法合规开展铁路、公路、河渠两侧，湖库周边等绿化建设。严禁违规占用耕地绿化造林，确需占用的，必须依法依规严格履行审批手续。遏制耕地"非农化"、防止"非粮化"。严禁开山造地、填湖填海绿化，禁止在河湖管理范围内种植阻碍行洪的林木。（自然资源部、国家林草局、住房城乡建设部、交通运输部、水利部、农业农村部、中国国家铁路集团有限公司等按职责分工负责）

（五）合理利用水资源。国土绿化要充分考虑降水、地表水、地下水等水资源的时空分布和承载能力，坚持以水而定、量水而行，宜绿则绿、宜荒则荒，科学恢复林草植被。年降水量400毫米以下干旱半干旱地区的绿化规划要经过水资源论证，以雨养、节水为导向，以恢复灌草植被为主，推广乔灌草结合的绿化模式，提倡低密度造林育林，合理运用集水、节水造林种草技术，防止过度用水造成生态环境破坏。加强人工增雨作业，提高造林绿化效率。统筹生活、生产、生态用水需求，合理配置绿化用水，适度有序开展城镇周边节水绿化。绿洲农业区要充分考虑水资源条件，加强天然绿洲和生态过渡带保护，兼顾绿洲保护和农田防护林用水需求，合理确定造林规模和密度，确保农业生态屏障可持续发展。（国家林草局、水利部、农业农村部、中国气象局等按职责分工负责）

（六）科学选择绿化树种草种。积极采用乡土树种草种进行绿化，审慎使用外来树种草种。各地要制定乡土树种草种名录，提倡使用多样化树种营造混交林。根据自然地理气候条件、植被生长发育规律、生活生产生态需要，合理选择绿化树种草种。江河两岸、湖库周边要优先选用抗逆性强、根系发达、固土能力强、防护性能好的树种草种。干旱缺水、风沙严重地区要优先选用耐干旱、耐瘠薄、抗风沙的灌木树种和草种。海岸带要优先选用耐盐碱、耐水湿、抗风能力强的深根性树种。水土流失严重地区要优先选用根系发达、固土保水能力强的防护树种草种。水热条件好、土层深厚地区要优先选用生长快、产量高、抗病虫害的优良珍贵用材树种。居民区周边要兼顾群众健康因素，避免选用易致人体过敏的树种草种。加大乡土树种草种采种生产、种苗繁育基地建设力度，引导以需定产、订单育苗、就近育苗，避免长距离调运绿化种苗。（国家林草局、水利部等按职责分工负责）

（七）规范开展绿化设计施工。承担国家投资或以国家投资为主的绿化项目建设单位要编制作业设计（或绿化方案，下同），绿化项目主管部门要会同相关部门对作业设计的用地、用水、技术措施等进行合理性评价，并监督实施。社会普遍关心且政府主导的重大绿化项目，必须经过科学论证，广泛听取各方面意见。加强绿化施工管理，充分保护原生植被、野生动物栖息地、珍稀植物等，禁止毁坏表土、全垦整地等，避免造成水土流失或土地退化。（国家林草局、自然资源部、住房城乡建设部、交通运输部、水利部、中国国家铁路集团有限公司等按职责分工负责）

（八）科学推进重点区域植被恢复。根据全国重要生态系统保护和修复重大工程总体布局，针对重点区域的突出生态问题，因地制宜确定绿化方式。长江、黄河等大江大河的源头、干支流、左右岸要加强封山育林育草，推进水源涵养林、水土保持林建设和小流域综合治理；北方防沙带要加大封禁保护力度，建设以灌草为主、乔灌草合理搭配的林草植被；青藏高原区要严格保护原生植被，主要依靠自然恢复天然林草植被，适度开展退化土地治理、矿山生态修复和人工草场建设；海岸带要加强沿海防护林体系建设，积极推进城乡绿化美化；东北森林带要加大天然林保护修复力度；南方丘陵山地带要推进水土流失和石漠化综合治理，精准提升森林质量，构建稳定高效多功能的林草生态系统，筑牢生态屏障。（国家林草局、自然资源部、住房城乡建设部、水利部等按职责分工负责）

（九）稳步有序开展退耕还林还草。进一步完善退耕还林还草政策，建立长效机制，切实巩固退耕还林还草成果。落实国务院已批准的25度以上坡耕地、陡坡梯田、重要水源地15—25度坡耕地、严重沙化耕地、严重污染耕地的退耕还林还草任务。相关主管部门要做好退耕地块的土地用途变更和不动产变更登记工作。开展退耕还林还草要结合生态建设和产业发展需要，充分考虑群众意愿，兼顾生态和经济效益。科学发展特色经济林果、花卉苗木、林下经济等绿色富民产业，实现经济发展和民生改善良性循环。（国

家发展改革委、财政部、国家林草局、自然资源部、农业农村部等按职责分工负责)

(十)节俭务实推进城乡绿化。充分利用城乡废弃地、边角地、房前屋后等见缝插绿,推进立体绿化,做到应绿尽绿。增强城乡绿地的系统性、协同性,构建绿道网络,实现城乡绿地连接贯通。加大城乡公园绿地建设力度,形成布局合理的公园体系。提升城乡绿地生态功能,有效发挥绿地服务居民休闲游憩、体育健身、防灾避险等综合功能。推广抗逆性强、养护成本低的地被植物,提倡种植低耗水草坪,减少种植高耗水草坪。加大杨柳飞絮、致敏花粉等防治研究和治理力度,提升城乡居民绿色宜居感受。鼓励农村"四旁"(水旁、路旁、村旁、宅旁)种植乡土珍贵树种,打造生态宜居的美丽乡村。选择适度规格的苗木,除必须截干栽植的树种外,应使用全冠苗。尊重自然规律,坚决反对"大树进城"等急功近利行为,避免片面追求景观化,切忌行政命令瞎指挥,严禁脱离实际、铺张浪费、劳民伤财搞绿化的面子工程、形象工程。(住房城乡建设部、自然资源部、国家林草局、交通运输部等按职责分工负责)

(十一)巩固提升绿化质量和成效。各地要对新造幼林地进行封山育林,加强抚育管护、补植补造,建立完善绿化后期养护管护制度和投入机制,提高成林率。国有林业企事业单位要科学编制森林经营方案,科学、规范、可持续开展森林经营活动。鼓励发展家庭林场、股份合作林场等,支持国有林场场外造林,积极推动集体林适度规模经营。实施森林质量精准提升工程,加大森林抚育、退化林修复力度,优化森林结构和功能,提高森林生态系统质量、稳定性和碳汇能力。加大人工针叶纯林改造力度,开展健康森林建设,增强松材线虫病等有害生物灾害防控能力。加强森林草原防火基础能力建设。实施草原保护修复重大工程,加快退化草原恢复,提升草原生态功能和生产能力。采取有偿方式合理利用国有森林、草原及景观资源开展生态旅游、森林康养等,提高林草资源综合效益。强化林地草地用途管制,严厉查处乱砍滥伐、非法开垦、非法侵占林地草地和公园绿地等违法行为。严格保护修复古树名木及其自然生境，对古树名木实行挂牌保护，及时抢救复壮。（国家林草局、住房城乡建设部等按职责分工负责）

（十二）创新开展监测评价。依据国土空间规划“一张图”，将绿化任务和绿化成果落到实地、落到图斑、落到数据库，重点生态保护修复工程要推进作业设计编制、施工、检查验收全过程监管，全面监测林草资源状况变化。构建天空地一体化综合监测评价体系，运用自然资源调查、林草资源监测及年度更新成果，提升国土绿化状况监测信息化精准化水平。按照林草一体化要求因地制宜设定评价指标，制定国土绿化成效评价办法，科学评价国土绿化成效。（国家林草局、自然资源部等按职责分工负责）

三、保障措施

（十三）完善政策机制。各级人民政府要合理安排资金，将国土绿化列入预算，不断优化投资结构。鼓励地方采取以奖代补、贷款贴息等方式创新国土绿化投入机制，实行差异化财政补助政策，支持引导营造混交林、在旱区营造灌木林、在条件适宜地区飞播造林和封山育林、使用乡土珍贵树种育苗造林、实施退化草原种草改良等。中央财政继续通过造林补助等资金渠道支持乡村绿化。在不新增隐性债务的前提下，鼓励金融机构创新金融产品和服务方式，支持社会资本依法依规参与国土绿化和生态保护修复。制定林业草原碳汇行动方案，深化集体林权制度改革，加快建立生态产品价值实现机制，完善生态补偿机制。（国家发展改革委、财政部、人民银行、国家林草局等按职责分工负责）

（十四）健全管理制度。完善土地支持政策，对集中连片开展国土绿化、生态修复达到一定规模和预期目标的经营主体，可在符合国土空间规划的前提下，在依法办理用地审批和供地手续后，将一定的治理面积用于生态旅游、森林康养等相关产业开发。探索特大城市、超大城市的公园绿地依法办理用地手续但不纳入城乡建设用地规模管理的新机制。完善林木采伐管理政策，优先保障森林抚育、退化林修复、林分更新改造等采伐需求,促进森林质量提升和灾害防控;放活人工商品林自主经营,规模经营的人工商品林可单独编制森林采伐限额,统一纳入年采伐限额管理。将造林绿化后期管护纳入生态护林(草)员职责范围,并与生态护林(草)员绩效挂钩。完善并落实草原承包经营制度,明确所有权、使用权,稳定承包权,放活经营权,规范草原经营权流转,压实责任主体,持续改善草原生态状况。(自然资源部、国家林草局等按职责分工负责)

(十五)强化科技支撑。开展林草种质资源普查和林木良种、草品种审定,加强重要乡土树种草种资源收集保护、开发利用、种苗繁育等关键技术和设施研发。优化完善国土绿化技术标准体系。健全生态定位观测监测体系。通过国家科技计划(专项、基金等),开展松材线虫病等重大有害生物灾害防控、林水关系、乡土珍稀树种扩繁等科技攻关。加大国土绿化和生态保护修复机械装备研发力度。遴选储备、推广实施一批实用管用的生态保护修复科技成果转化项目。(国家林草局、科技部等按职责分工负责)

(十六)加强组织领导。全面推行林长制,明确地方领导干部保护发展森林草原资源目标责任。地方各级人民政府要切实履行科学绿化主体责任,明确相关部门的目标任务和落实措施。各级绿化委员会要充分发挥组织领导、宣传发动、协调指导等作用,强化国土绿化管理、监督检查、考核评价等工作,持之以恒推进全民义务植树。对科学绿化成效显著的单位和个人,按照国家有关规定给予表彰、奖励。对违背科学规律和群众意愿搞绿化的错误行为,要及时制止纠正;对造成不良影响和严重后果的,要依法依规追责。广泛开展宣传教育,弘扬科学绿化理念,普及科学绿化知识,倡导节俭务实绿化风气,树立正确的绿化发展观政绩观。加强舆论引导,积极回应社会关切,营造科学绿化的良好氛围。(各相关部门按职责分工负责)

国务院部门规章

中国银保监会关于修改《中华人民共和国外资保险公司管理条例实施细则》的决定

（2021 年 3 月 10 日中国银行保险监督管理委员会令 2021 年第 2 号公布　自公布之日起施行　国司备字［2021004222］）

为进一步扩大保险业对外开放，银保监会决定对《中华人民共和国外资保险公司管理条例实施细则》部分条款予以修改。

一、删去第三条："外国保险公司与中国的公司、企业合资在中国境内设立经营人身保险业务的合资保险公司（以下简称合资寿险公司），其中外资比例不得超过公司总股本的 51%。中国银行保险监督管理委员会（以下简称银保监会）另有规定的，适用其规定。

"外国保险公司直接或者间接持有的合资寿险公司股份，不得超过前款规定的比例限制。"

二、将第四条改为第三条，修改为："外资保险公司至少有 1 家经营正常的保险公司或者保险集团公司作为主要股东；进行股权变更的，变更后至少有一家经营正常的保险公司或者保险集团公司作为主要股东。

"外资保险公司的外方唯一或者外方主要股东应当为外国保险公司或者外国保险集团公司。

"主要股东是指持股比例最大的股东，以及法律、行政法规、中国银行保险监督管理委员会（以下简称银保监会）规定的其他对公司经营管理有重大影响的股东。股东与其关联方、一致行动人的持股比例合并计算。”

三、删去第二十四条:“《条例》和本细则要求申请设立外资保险公司的外国保险公司提供的下列文件或者资料,应当真实有效:

“(一)营业执照(副本)或者营业执照的有效复印件;

“(二)对拟任外国保险公司分公司主要负责人的授权书;

“(三)外国保险公司对其中国境内分公司承担税务、债务的责任担保书。”

四、增加一条,作为第三十二条:“《条例》第四十条所称外国保险集团公司,是指经所在国家依法登记注册,对集团内一家或者多家保险公司实施控制、共同控制和重大影响的公司。

“保险集团是指保险集团公司及受其控制、共同控制和重大影响的公司组成的企业集合,且保险业务为企业集合的主要业务。”

五、增加一条,作为第三十三条:“申请设立外资保险公司的外国保险集团公司,应当具备下列条件:

“(一)符合《条例》第八条第一、四、五项的规定;

“(二)所在国家或者地区有完善的保险监管制度,并且该外国保险集团公司或者其主要保险子公司已经受到所在国家或者地区有关主管当局的有效监管;

“(三)其所属外国保险集团或者其主要保险子公司符合所在国家或者地区偿付能力标准。

“前款所称主要保险子公司是指受保险集团公司控制、共同控制,申请设立前一年度总资产规模排名靠前的一家或者多家保险公司,且该一家或者多家保险公司合计总资产占该保险集团合并报表保险总资产比重不低于60%。”

六、增加一条,作为第三十四条:“申请设立外资保险公司的外国保险集团公司,应当提交下列资料:

“(一)该外国保险集团公司所在国家或者地区有关主管当局核发的营业执照(副本);

“(二)该外国保险集团公司或者其主要保险子公司所在国家

或者地区有关主管当局出具的符合偿付能力标准的证明及对其申请的意见书；

“（三）《条例》第九条规定的除第二项之外的资料。

“前款第一、二项所要求的资料，应当符合本细则第十条至第十二条的规定。”

七、增加一条，作为第三十五条：“外资保险公司变更股东，拟受让方或者承继方为外国保险公司或者外国保险集团公司的，应当符合《条例》及本细则关于申请设立外资保险公司的股东条件。”

八、增加一条，作为第三十六条：“《条例》第四十一条所称境外金融机构，是指在中华人民共和国境外注册并经所在国家或者地区金融监管当局批准或者许可的金融机构。”

九、增加一条，作为第三十七条：“保险公司、保险集团公司以外的境外金融机构成为外资保险公司股东的，适用《保险公司股权管理办法》相关规定。”

十、增加一条，作为第四十二条：“投资外资保险公司，影响或者可能影响国家安全的，应当依法进行外商投资安全审查。”

十一、将第三十八条改为第四十三条，修改为：“香港特别行政区、澳门特别行政区和台湾地区的保险公司和保险集团公司在内地（大陆）设立和营业的保险公司，参照适用《条例》和本细则；法律、行政法规或者行政协议另有规定的，适用其规定。”

十二、增加一条，作为第四十四条：“外国保险公司和外国保险集团公司作为中国境内保险公司股东，设立保险集团公司的，适用保险集团公司管理的相关规定，未作规定的，参照适用《条例》和本细则。”

《中华人民共和国外资保险公司管理条例实施细则》根据本决定作相应修改，重新公布。

中华人民共和国外资保险公司管理条例实施细则

（2004年3月15日中国保险监督管理委员会令2004年第4号公布　根据2021年3月10日《中国银保监会关于修改〈中华人民共和国外资保险公司管理条例实施细则〉的决定》修正）

第一条　根据《中华人民共和国保险法》和《中华人民共和国外资保险公司管理条例》（以下简称《条例》），制定本细则。

第二条　《条例》所称外国保险公司，是指在中国境外注册、经营保险业务的保险公司。

第三条　外资保险公司至少有1家经营正常的保险公司或者保险集团公司作为主要股东，进行股权变更的，变更后至少有一家经营正常的保险公司或者保险集团公司作为主要股东。

外资保险公司的外方唯一或者外方主要股东应当为外国保险公司或者外国保险集团公司。

主要股东是指持股比例最大的股东，以及法律、行政法规、中国银行保险监督管理委员会（以下简称银保监会）规定的其他对公司经营管理有重大影响的股东。股东与其关联方、一致行动人的持股比例合并计算。

第四条　外资保险公司主要股东应当承诺自取得股权之日起5年内不转让所持有的股权，并在外资保险公司章程中载明。

经银保监会批准进行风险处置的，银保监会责令依法转让的，涉及司法强制执行的，或者在同一控制人控制的不同主体之间转让股权等特殊情形除外。

第五条　外资保险公司主要股东拟减持股权或者退出中国市

场的,应当履行股东义务,保证保险公司偿付能力符合监管要求。

第六条 外资保险公司的注册资本或者营运资金应当为实缴货币。

第七条 外国保险公司分公司成立后,外国保险公司不得以任何形式抽回营运资金。

第八条 《条例》第八条第一项所称设立申请前1年年末,是指申请日的上一个会计年度末。

第九条 《条例》第八条第五项所称其他审慎性条件,至少包括下列条件:

(一)法人治理结构合理;

(二)风险管理体系稳健;

(三)内部控制制度健全;

(四)管理信息系统有效;

(五)经营状况良好,无重大违法违规记录。

第十条 申请人不能提供《条例》第九条第二项要求的营业执照(副本)的,可以提供营业执照的有效复印件或者有关主管当局出具的该申请人有权经营保险业务的书面证明。

第十一条 《条例》第九条第二项所称外国申请人所在国家或者地区有关主管当局对其符合偿付能力标准的证明,应当包括下列内容之一:

(一)在有关主管当局出具证明之日的上一个会计年度,该申请人的偿付能力符合该国家或者地区的监管要求;

(二)在有关主管当局出具证明之日的上一个会计年度中,该申请人没有不符合该国家或者地区偿付能力标准的记录。

第十二条 《条例》第九条第二项所称外国申请人所在国家或者地区有关主管当局对其申请的意见书,应当包括下列内容:

(一)该申请人申请在中国境内设立保险机构是否符合该国家或者地区的法律规定;

(二)是否同意该申请人的申请;

（三）在有关主管当局出具意见之日的前3年，该申请人受处罚的记录。

第十三条 《条例》第九条第三项所称年报，应当包括申请人在申请日的前3个会计年度的资产负债表、利润表和现金流量表。

前款所列报表应当附由申请人所在国家或者地区认可的会计师事务所或者审计师事务所出具的审计意见书。

第十四条 除法律、行政法规另有规定或者经国务院批准外，《条例》第九条第四项所称中国申请人应当符合《保险公司股权管理办法》等相关规定要求。

第十五条 拟设外资保险公司的筹建负责人应当具备下列条件：

（一）大专以上学历；

（二）从事保险或者相关工作2年以上；

（三）无违法犯罪记录。

第十六条 申请人根据《条例》第十一条规定申请延长筹建期的，应当在筹建期期满之日的前1个月以内向银保监会提交书面申请，并说明理由。

第十七条 《条例》第十一条第一项所称筹建报告，应当对该条其他各项的内容作出综述。

第十八条 《条例》第十一条第四项所称法定验资机构，是指符合银保监会要求的会计师事务所。

第十九条 《条例》第十一条第四项所称验资证明，应当包括下列内容：

（一）法定验资机构出具的验资报告；

（二）注册资本或者营运资金的银行原始入账凭证的复印件。

第二十条 《条例》第十一条第五项所称主要负责人，是指拟设外国保险公司分公司的总经理。

对拟任外国保险公司分公司主要负责人的授权书，是指由外国保险公司董事长或者总经理签署的、对拟任外国保险公司分公司总经理的授权书。

授权书应当明确记载被授权人的权限范围。

第二十一条 《条例》第十一条第六项所称拟设公司的高级管理人员,应当符合银保监会规定的任职资格条件。

外国保险公司分公司的高级管理人员,应当具备保险公司总公司高级管理人员的任职资格条件。

第二十二条 《条例》第十一条第九项所称拟设公司的营业场所的资料,是指营业场所所有权或者使用权的证明文件。

《条例》第十一条第九项所称与业务有关的其他设施的资料,至少包括计算机设备配置、网络建设情况以及信息管理系统情况。

第二十三条 外资保险公司可以根据业务发展需要申请设立分支机构。

外国保险公司分公司只能在其所在省、自治区或者直辖市的行政辖区内开展业务,银保监会另有规定的除外。

合资保险公司、独资保险公司在其住所地以外的各省、自治区、直辖市开展业务的,应当设立分支机构。分支机构的设立和管理适用银保监会的有关规定。

第二十四条 外资保险公司及其分支机构的高级管理人员,其任职资格审核与管理,按照银保监会的有关规定执行,本细则另有规定的除外。

第二十五条 合资、独资财产保险公司因分立、合并或者公司章程规定的解散事由出现,申请解散的,应当报银保监会批准,并提交下列资料:

(一)公司董事长签署的申请书;

(二)公司股东会的决议;

(三)拟成立的清算组人员构成及清算方案;

(四)未了责任的处理方案。

第二十六条 经银保监会批准解散的合资、独资财产保险公司,应当自收到银保监会批准文件之日起,停止新的业务经营活动，向银保监会缴回经营保险业务许可证，并在15日内成立清算组。

第二十七条 清算组应当自成立后5日内将公司开始清算程序的情况书面通知市场监督管理、税务、人力资源社会保障等有关部门。

第二十八条 清算组应当自成立之日起1个月内聘请符合银保监会要求的会计师事务所进行审计；自聘请之日起3个月内向银保监会提交审计报告。

第二十九条 清算组应当在每月10号前向银保监会报送有关债务清偿、资产处置等最新情况报告。

第三十条 《条例》第二十八条所称报纸，是指具有一定影响的全国性报纸。

第三十一条 外国财产保险公司申请撤销其在中国境内分公司的，应当报银保监会批准，并提交下列资料：

（一）外国财产保险公司董事长或者总经理签署的申请书；

（二）拟成立的清算组人员构成及清算方案；

（三）未了责任的处理方案。

外国财产保险公司撤销其在中国境内分公司的具体程序，适用《条例》及本细则有关合资、外资财产保险公司申请解散的程序。

外国财产保险公司分公司的总公司解散、依法被撤销或者宣告破产的，外国财产保险公司分公司的清算及债务处理适用《条例》第三十条及本细则有关合资、独资财产保险公司解散的相应规定。

第三十二条 《条例》第四十条所称外国保险集团公司，是指经所在国家依法登记注册，对集团内一家或者多家保险公司实施控制、共同控制和重大影响的公司。

保险集团是指保险集团公司及受其控制、共同控制和重大影响的公司组成的企业集合，且保险业务为企业集合的主要业务。

第三十三条 申请设立外资保险公司的外国保险集团公司，

应当具备下列条件：

（一）符合《条例》第八条第一、四、五项的规定；

（二）所在国家或者地区有完善的保险监管制度，并且该外国保险集团公司或者其主要保险子公司已经受到所在国家或者地区有关主管当局的有效监管；

（三）其所属外国保险集团或者其主要保险子公司符合所在国家或者地区偿付能力标准。

前款所称主要保险子公司是指受保险集团公司控制、共同控制，申请设立前一年度总资产规模排名靠前的一家或者多家保险公司，且该一家或者多家保险公司合计总资产占该保险集团合并报表保险总资产比重不低于60%。

第三十四条 申请设立外资保险公司的外国保险集团公司，应当提交下列资料：

（一）该外国保险集团公司所在国家或者地区有关主管当局核发的营业执照（副本）；

（二）该外国保险集团公司或者其主要保险子公司所在国家或者地区有关主管当局出具的符合偿付能力标准的证明及对其申请的意见书；

（三）《条例》第九条规定的除第二项之外的资料。

前款第一、二项所要求的资料，应当符合本细则第十条至第十二条的规定。

第三十五条 外资保险公司变更股东，拟受让方或者承继方为外国保险公司或者外国保险集团公司的，应当符合《条例》及本细则关于申请设立外资保险公司的股东条件。

第三十六条 《条例》第四十一条所称境外金融机构，是指在中华人民共和国境外注册并经所在国家或者地区金融监管当局批准或者许可的金融机构。

第三十七条 保险公司、保险集团公司以外的境外金融机构成为外资保险公司股东的，适用《保险公司股权管理办法》相关规定。

第三十八条 外资保险公司违反本细则有关规定的,由银保监会依据《中华人民共和国保险法》《条例》等法律、行政法规进行处罚。

第三十九条 《条例》及本细则要求提交、报送的文件、资料和书面报告,应当提供中文本,中外文本表述不一致的,以中文本的表述为准。

第四十条 《条例》及本细则规定的期限,从有关资料送达银保监会之日起计算。申请人申请文件不全、需要补交资料的,期限应当从申请人的补交资料送达银保监会之日起重新计算。

本细则有关批准、报告期间的规定是指工作日。

第四十一条 对外资保险公司的管理,《条例》和本细则未作规定的,适用其他法律、行政法规与银保监会的有关规定。

外资再保险公司的设立适用《再保险公司设立规定》,《再保险公司设立规定》未作规定的,适用本细则。

第四十二条 投资外资保险公司,影响或者可能影响国家安全的,应当依法进行外商投资安全审查。

第四十三条 香港特别行政区、澳门特别行政区和台湾地区的保险公司和保险集团公司在内地(大陆)设立和营业的保险公司,参照适用《条例》和本细则;法律、行政法规或者行政协议另有规定的,适用其规定。

第四十四条 外国保险公司和外国保险集团公司作为中国境内保险公司股东,设立保险集团公司的,适用保险集团公司管理的相关规定,未作规定的,参照适用《条例》和本细则。

第四十五条 本细则自公布之日起施行。原中国保险监督管理委员会2004年5月13日发布的《中华人民共和国外资保险公司管理条例实施细则》(保监会令2004年第4号)同时废止。

国家广播电视总局
关于第二批修改的部门规章的决定

（2021 年 3 月 23 日国家广播电视总局令第 8 号公布
自公布之日起施行　国司备字[2021004127]）

一、修改《广播电视无线传输覆盖网管理办法》(国家广播电影电视总局令第 45 号)

(一)将第二条修改为:“本办法适用于广播电视无线传输覆盖网(以下简称无线传输覆盖网)的规划、建设、使用和管理等活动。

“无线传输覆盖网包括广播电视发射台、转播台、差转台、收转台(站)、微波站、节目传送台(站)、广播电视卫星、卫星地球站、监测台(站)等部分。

“广播电视无线传输覆盖业务是指利用无线传输覆盖网传送广播电视节目信号、应急广播信息的活动。”

(二)将第七条修改为:“严禁在无线传输覆盖网中传送法律、行政法规、规章规定禁止的内容。任何单位或者个人不得擅自使用广播电视频率,不得利用无线传输覆盖网进行违法犯罪活动。”

(三)将第八条第二款修改为:“许可证有效期不超过十年。有效期届满需继续开展业务的,应当于届满前六个月按照本办法规定的审批程序办理手续。”

(四)将第九条第二项修改为:“(二)经省、自治区、直辖市以上人民政府广播电视行政部门批准设立的广播电视无线传输覆盖机构(以下简称传输覆盖机构);”

(五)将第十条修改为:“申请《广播电视节目传送业务经营许可证(无线)》的,应当具备以下条件:

“(一)具有独立的法人资格,或者不具有独立的法人资格但直属于广播电视行政部门的传输覆盖机构；

“（二）符合无线传输覆盖网的总体规划和业务要求；

“（三）有确保广播电视安全传送所需的设备、技术、人员及相关管理制度；

“（四）有合法的广播电视节目信号来源。”

（六）将第十一条第一款第一项修改为：“（一）申办机构的基本情况；”

第二项修改为：“（二）广播电视无线传输覆盖业务申请表；”

删去第五项。

第六项改为第五项，修改为：“（五）合法广播电视节目信号来源、传输方式、传输范围的说明。”

删去第七项。

第二款第一项修改为：“（一）合法广播电视节目来源、传输方式、传输范围的说明；”

删去第六项。

（七）将第十二条修改为：“广电总局负责审批跨省广播电视节目无线传送业务。申请单位应当向本级人民政府广播电视行政部门提出申请，经逐级审核后，报广电总局审批，领取《广播电视节目传送业务经营许可证（无线）》。”

（八）将第十三条修改为：“省、自治区、直辖市人民政府广播电视行政部门负责审批本行政区域内广播电视节目无线传送业务。申请单位应当向所在地县级以上人民政府广播电视行政部门提出申请，经逐级审核后，报省、自治区、直辖市人民政府广播电视行政部门审批，领取《广播电视节目传送业务经营许可证（无线）》。”

（九）将第十五条修改为：“为保证广播电视传输安全，广电总局负责指定用于传输广播电视节目的卫星转发器传输参数。任何未取得《广播电视节目传送业务经营许可证（无线）》的单位不得擅自租用或者使用卫星转发器传输广播电视节目。”

（十）将第十八条修改为：“持有《广播电视节目传送业务经营

许可证(无线)》的单位,申请使用微波、卫星非广播电视频率等传输广播电视节目,应当向国家无线电管理机构或者省、自治区、直辖市无线电管理机构办理无线电频率使用许可。”

(十一)将第二十条修改为:“持有《广播电视节目传送业务经营许可证(无线)》的单位,如需申请使用以下业务的广播电视频率,应当向所在地县级以上人民政府广播电视行政部门提出申请,经逐级审核后,报广电总局审批,领取《广播电视频率使用许可证(甲类)》:

“(一)中、短波广播;

“(二)调频广播(使用发射机标称功率50瓦(不含)以上发射设备);

“(三)调频同步广播;

“(四)地面数字声音广播;

“(五)地面数字电视广播。

“许可证有效期不超过十年。有效期届满需继续开展业务的,应当于届满前六个月按照本办法规定的审批程序办理手续。”

(十二)将第二十一条修改为:“持有《广播电视节目传送业务经营许可证(无线)》的单位,如需使用小功率调频发射设备(发射机标称功率50瓦(含)以下)转播已经批准开办的广播节目、开展应急广播信息服务申请使用广播电视频率,应当向所在地县级以上人民政府广播电视行政部门提出申请,经逐级审核后,报省、自治区、直辖市人民政府广播电视行政部门审批,领取《广播电视频率使用许可证(乙类)》。

“许可证有效期不超过十年。省、自治区、直辖市人民政府广播电视行政部门应当在作出许可后的三十日内将许可证核发情况向广电总局备案。有效期届满需继续开展业务的,应当于届满前六个月按照本办法规定的审批程序办理手续。”

(十三)将第二十二条修改为:“持有《广播电视频率使用许可证》的单位,如需设置、使用无线电台(站),应当向国家无线电管理机构或者省、自治区、直辖市无线电管理机构申请办理无线电台执照。”

（十四）将第二十三条修改为：“持有《广播电视频率使用许可证》的单位，如需购买无线广播电视发射设备，应当向核发其《广播电视频率使用许可证》的广播电视行政部门申领《无线广播电视发射设备订购证明》（以下简称《订购证明》），并提交下列材料：

“（一）《订购证明》申请表；

“（二）《广播电视频率使用许可证》复印件；

“（三）相关广播电视行政部门审核意见。”

（十五）将《广播电视无线传输覆盖网管理办法》中的“国家广播电影电视总局”修改为“国家广播电视总局”。

二、修改《广播电视安全播出管理规定》（国家广播电影电视总局令第62号）

（一）将第二条修改为：“为保障广播电视安全播出开展的系统建设、技术维护、运行管理、监测监管、指挥调度、应急处置及其他相关活动，适用本规定。”

（二）将第六条修改为：“广播电视安全播出实行分类分级保障制度。从事广播电视播出、集成、传输、分发、覆盖等业务的单位（以下简称安全播出责任单位）应当符合本规定和国家广播电视总局关于广播电视安全播出的有关要求；不符合的，不得从事相关活动。”

（三）将第十一条第二项修改为：“（二）针对播出系统特点采取相应的防范干扰、插播、阻断、篡改、攻击等恶意破坏的技术措施；”

第三项修改为：“（三）采用声音、图像、码流录制或者保存技术监测信息等方式对本单位播出、传输、发射的节目信号的质量和效果，以及相关设备运行状态进行记录。记录方式应当符合省、自治区、直辖市以上人民政府广播电视行政部门的有关规定，记录信息应当保存一周以上，异态节目记录信息应当保存一年以上；”

（四）将第十五条第三项修改为：“（三）从事广播电视传输、分发、覆盖业务的安全播出责任单位应当按照有关规定完整传输、分发必转的广播电视节目；”

第五项修改为：“（五）发现广播电视节目中含有法律、行政法规禁止的内容的，应当立即采取措施予以消除或者停止播出、集成、传输、分发、覆盖，保存有关记录，并向广播电视行政部门报告。”

（五）将第十八条第一款修改为：“新建广播电视播出、集成、传输、分发、发射系统需要试播的，安全播出责任单位应当报请省、自治区、直辖市以上人民政府广播电视行政部门批准。”

（六）将第十九条第一项修改为：“（一）按照省、自治区、直辖市以上人民政府广播电视行政部门批准的节目、传输方式、覆盖范围以及相关技术参数播出、集成、传输、分发、发射广播电视信号，未经批准不得擅自停止或者变更服务；”

第六项修改为：“（六）定期开展安全播出风险、保障能力自查或者委托专业机构进行评估，发现、消除安全隐患。”

（七）将第二十一条第一项修改为：“（一）对技术系统定期进行例行检修，例行检修需要停播（传）广播电视节目的，应当将检修计划按照国家广播电视总局的有关规定进行备案；”

第二项修改为：“（二）在例行检修时间之外临时停播（传）广播电视节目进行检修、施工、演练等操作的，应当按照国家广播电视总局的有关规定报请批准或者备案；”

（八）将第二十二条修改为：“安全播出责任单位在播出、集成、传输、分发、覆盖及相关活动中，应当遵守有关安全生产的法律、法规和技术标准。

“安全播出责任单位应当遵守有关网络安全的法律、法规和技术标准，履行网络安全责任义务，对涉及安全播出的网络和信息系统开展风险评估和等级保护工作。”

（九）将第二十三条第一项修改为：“（一）广播电视安全播出

事故分为责任事故、技术事故、其他事故三类,事故级别分为特大(Ⅰ级)、重大(Ⅱ级)、一般(Ⅲ级)三级;”

(十)将第三十一条修改为:“广播电视安全播出突发事件分为破坏侵扰事件、网络安全事件、自然灾害事件、技术安全事件、其他事件五类;突发事件级别分为特大(Ⅰ级)、重大(Ⅱ级)、较大(Ⅲ级)、一般(Ⅳ级)四级。”

(十一)将第三十二条第一项修改为:“(一)播出、集成、传输、分发、发射、接收的广播电视节目信号受到侵扰或者发现异常信号时,应当立即切断异常信号传播,并在可能的情况下倒换正常信号;”

第二项修改为:“(二)发现无线信号受到干扰时,应当及时进行自查,排除由于自身设备故障、用户误操作等内部原因造成的干扰。自查后仍无法消除干扰的,立即向所在地的省、自治区、直辖市无线电管理机构投诉,报请排查干扰;”

增加一项,作为第三项:“(三)发生网络安全事件时,应当按照有关规定立即采取有效措施,阻止有害信息传播,及时恢复正常播出秩序,并向所在地广播电视行政部门和网络安全有关部门报告;”

第四项改为第五项,修改为:“(五)恢复节目信号播出时,应当优先保障主频率主频道节目的播出,遵循‘先中央、后地方;先公益、后付费’的原则。”

(十二)将第三十五条第三项修改为:“(三)组织对安全播出事件事故的调查并依法处理;”

(十三)将第三十六条修改为:“广播电视行政部门设立的广播电视监测监管、指挥调度机构,按照广播电视行政部门的要求,负责广播电视信号监测、安全播出保障体系建设、安全播出风险评估、事件事故接报、调查检查等安全播出日常管理以及应急指挥调度的具体工作。”

(十四)将第三十七条修改为:“广播电视监测监管、指挥调度机构应当安排专人二十四小时值班，了解与安全播出有关的突发事件，及时向广播电视行政部门报告；建立健全技术监测系统，避免漏监、错监；建立健全指挥调度系统，保证快速、准确发布预警和调度指令。”

（十五）将第三十八条修改为：“安全播出责任单位应当按照广播电视行政部门的规定，积极配合广播电视监测监管、指挥调度机构的工作，如实无偿提供节目信号、解密授权及相关信息，并提供安装监测设备的机房环境。”

（十六）将第四十一条第五项修改为：“（五）从事广播电视传输、分发、覆盖业务的安全播出责任单位未按照有关规定完整传输、分发必转的广播电视节目的；”

第六项修改为：“（六）未按照规定向广播电视行政部门设立的监测监管、指挥调度机构提供完整节目信号、解密授权及相关信息，或者干扰、阻碍监测监管、指挥调度活动的；”

第八项修改为：“（八）未按照规定记录、保存本单位播出、集成、传输、分发、发射的节目信号的质量和效果的；”

（十七）将第四十二条修改为：“广播电台、电视台及广播电视监测监管、指挥调度机构违反本规定，县级以上人民政府广播电视行政部门可以依照《广播电视管理条例》和国家有关规定予以处理。”

（十八）将第四十四条第一项修改为：“（一）安全播出，是指在广播电视节目播出、集成、传输、分发过程中的内容完整、信号安全、网络安全和技术安全。其中，内容完整，是指安全播出责任单位完整并准确地播出、集成、传输、分发预定的广播电视内容；信号安全，是指承载广播电视内容的电、光信号不间断、高质量；网络安全，是指广播电视相关业务网络处于稳定可靠运行状态，所承载的广播电视业务数据完整、保密、可用；技术安全，是指广播电视播出、集成、传输、分发、覆盖及相关活动参与人员的人身安全和广播电视设施安全。”

第二项修改为:“(二)技术系统,是指与广播电视安全播出有关的系统、设备、线路及其附属设施的统称。包括:广播电视播出、集成、传输、分发、发射系统以及相关监测、监控系统,相关供配电系统,相关附属设施(含机房以及机房内空调、消防、防雷接地、光电缆所在杆路、管道,天线所在桅塔等)。”

(十九)将《广播电视安全播出管理规定》中的“国务院广播影视行政部门”修改为“国家广播电视总局”,“广播影视行政部门”修改为“广播电视行政部门”。

三、修改《有线广播电视运营服务管理暂行规定》(国家广播电影电视总局令第67号)

(一)将第三条第二款修改为:“有线广播电视运营服务提供者应当按照科学审慎、安全可靠、提高效率的原则,推进有线电视与新一代信息通信技术深度融合,提供智慧化广播电视服务和数据传输服务,持续改进服务质量,使有线广播电视网络成为国家重要信息基础设施建设的战略性资源平台。”

(二)将第八条第二款修改为:“基本收视频道中应当包括国家广播电视总局要求转播的广播电视节目和县级以上地方人民政府广播电视行政部门要求转播的经国家广播电视总局批准的本地广播电视节目。”

(三)删去第九条。

(四)将第十一条改为第十条,修改为:“有线广播电视运营服务提供者停止经营某项业务时,应当至少提前十五个工作日公告或者通知有关用户,并公平合理地做好用户善后工作。”

(五)将第十三条改为第十二条,第二款修改为:“有线广播电视运营服务提供者应当按照当地人民政府的要求,向残疾人和行动不便的老年人等用户提供便捷的服务,对低保户、特困人群等用户给予资费减免等优惠。”

(六)将第二十六条改为第二十五条,第一款修改为:“有线广播电视运营服务提供者应当建立用户投诉处理机制,形成包括受理、调查、处理、反馈、评估、报告、改进、存档等环节的完整工作流程。对用户关于服务的投诉,应当在十个工作日内答复。"

(七)将第二十九条改为第二十八条,修改为:"有线广播电视运营服务提供者应当对从业人员进行服务规范方面的培训。"

(八)将第三十三条改为第三十二条,修改为:"有线广播电视运营服务提供者应当创造条件,积极整合、运营和管理有线电视系统,向其用户提供符合本规定要求的服务。"

(九)删去第三十五条、第四十六条。

(十)将《有线广播电视运营服务管理暂行规定》中的"国务院广播影视行政部门"修改为"国家广播电视总局","广播影视行政部门"修改为"广播电视行政部门"。

四、修改《专网及定向传播视听节目服务管理规定》(国家新闻出版广电总局令第6号)

(一)将第二条修改为:"本规定所称专网及定向传播视听节目服务,是指以电视机、手机等各类固定、移动电子设备为接收终端,通过局域网络及利用互联网架设虚拟专网或者以互联网等信息网络为定向传输通道,向公众定向提供广播电视节目等视听节目服务活动,包括以交互式网络电视(IPTV)、专网手机电视、互联网电视等形式从事内容提供、集成播控、传输分发等活动。"

(二)将第六条第二款修改为:"外商投资企业不得从事专网及定向传播视听节目服务。"

(三)增加一条,作为第十一条:"专网及定向传播视听节目服务单位在专网及定向传播视听节目服务业务指导目录载明的业务类别之外,拟增加新产品或者开展新业务的,应当报国家广播电视总局进行安全评估。"

(四)将第二十九条改为第三十条,第一款增加一项,作为第三项:"(三)未按本规定要求,将拟增加的新产品或者开展的新业务报国家广播电视总局进行安全评估的;"

第二款修改为:"有前款第十五项行为的,发证机关应当撤销其《信息网络传播视听节目许可证》。”

（五）将《专网及定向传播视听节目服务管理规定》中的“国务院广播电影电视主管部门”修改为“国家广播电视总局”，“国务院工业和信息化主管部门”修改为“工业和信息化部”，“广播电影电视主管部门”修改为“广播电视主管部门”。

此外，对上述规章的条文顺序和个别文字作相应修改。

本决定自公布之日起施行。

《广播电视无线传输覆盖网管理办法》《广播电视安全播出管理规定》《有线广播电视运营服务管理暂行规定》《专网及定向传播视听节目服务管理规定》根据本决定作相应修改，重新公布。

广播电视无线传输覆盖网管理办法

（2004 年 11 月 15 日国家广播电影电视总局令第 45 号公布　根据 2021 年 3 月 23 日《国家广播电视总局关于第二批修改的部门规章的决定》修订）

第一章　总　　则

第一条　为保证广播电视无线传输覆盖业务的正常进行，维护广播电视播出秩序，加强对广播电视无线传输覆盖业务的管理，根据《广播电视管理条例》和《广播电视设施保护条例》，制定本办法。

第二条　本办法适用于广播电视无线传输覆盖网（以下简称无线传输覆盖网）的规划、建设、使用和管理等活动。

无线传输覆盖网包括广播电视发射台、转播台、差转台、收转台（站）、微波站、节目传送台（站）、广播电视卫星、卫星地球站、监测台（站）等部分。

广播电视无线传输覆盖业务是指利用无线传输覆盖网传送广

播电视节目信号、应急广播信息的活动。

第三条 国家广播电视总局(以下简称广电总局)负责全国无线传输覆盖网的管理工作,根据广播电视的发展需要,负责组织制定全国无线传输覆盖网规划,审批广播电视无线传输覆盖业务,指配广播电视专用频段的频率(以下称广播电视频率),并对全国无线传输覆盖网进行管理。

县级以上地方人民政府广播电视行政部门负责本行政区域内无线传输覆盖网的管理工作。

第四条 无线传输覆盖网由县级以上人民政府广播电视行政部门按照国家有关规定组建,并应当确保本行政区域内广播电视传输覆盖的安全和质量。

第五条 无线传输覆盖网的工程选址、设计、施工、安装,应当按照国家有关规定办理,并由依法取得相应资质的单位承担。工程建设和使用的无线广播电视发射设备,应当符合国家标准、行业标准和有关规定。

第六条 国家对广播电视无线传输覆盖业务、使用广播电视频率、购买无线广播电视发射设备以及迁建无线广播电视设施实行许可制度。

广播电视行政部门应当按照行政许可法规定的期限办理有关许可事项。

许可证由广电总局统一印制,严禁伪造、翻印、涂改、出租、转让。

第七条 严禁在无线传输覆盖网中传送法律、行政法规、规章规定禁止的内容。任何单位或者个人不得擅自使用广播电视频率,不得利用无线传输覆盖网进行违法犯罪活动。

第二章　广播电视无线传输覆盖业务

第八条 利用地面无线、微波、卫星等方式从事广播电视传输覆盖业务的，应当按照本办法规定领取《广播电视节目传送业务经营许可证（无线）》。

许可证有效期不超过十年。有效期届满需继续开展业务的，应当于届满前六个月按照本办法规定的审批程序办理手续。

第九条 下列机构可以申请《广播电视节目传送业务经营许可证（无线）》：

（一）经广电总局批准设立的广播电视播出机构；

（二）经省、自治区、直辖市以上人民政府广播电视行政部门批准设立的广播电视无线传输覆盖机构（以下简称传输覆盖机构）；

（三）具有无线广播电视传输覆盖能力的国有或者国有控股机构。

第十条 申请《广播电视节目传送业务经营许可证（无线）》的，应当具备以下条件：

（一）具有独立的法人资格，或者不具有独立的法人资格但直属于广播电视行政部门的传输覆盖机构；

（二）符合无线传输覆盖网的总体规划和业务要求；

（三）有确保广播电视安全传送所需的设备、技术、人员及相关管理制度；

（四）有合法的广播电视节目信号来源。

第十一条 申请《广播电视节目传送业务经营许可证（无线）》的，应当提交下列材料：

（一）申办机构的基本情况；

（二）广播电视无线传输覆盖业务申请表；

（三）拟采用的传输覆盖方式、范围、服务区域和节目内容；

（四）技术方案和技术安全保障机制；

（五）合法广播电视节目信号来源、传输方式、传输范围的说明。

申请经营国内广播电视节目卫星传送业务的，还应当提交下列材料：

(一)合法广播电视节目来源、传输方式、传输范围的说明；

(二)确保广播电视传输安全的技术措施和应急预案；

(三)卫星的轨道位置、转发器编号、极化方式、符号率、频率以及入网测试情况；

(四)安全播出、运行维护制度；

(五)专业技术人员和设备情况。

第十二条 广电总局负责审批跨省广播电视节目无线传送业务。申请单位应当向本级人民政府广播电视行政部门提出申请，经逐级审核后，报广电总局审批，领取《广播电视节目传送业务经营许可证(无线)》。

第十三条 省、自治区、直辖市人民政府广播电视行政部门负责审批本行政区域内广播电视节目无线传送业务。申请单位应当向所在地县级以上人民政府广播电视行政部门提出申请，经逐级审核后，报省、自治区、直辖市人民政府广播电视行政部门审批，领取《广播电视节目传送业务经营许可证(无线)》。

第十四条 开展广播电视节目卫星传输业务的，应当向省、自治区、直辖市以上人民政府广播电视行政部门提出申请，经审核后，报广电总局审批，领取《广播电视节目传送业务经营许可证(无线)》。

第十五条 为保证广播电视传输安全，广电总局负责指定用于传输广播电视节目的卫星转发器传输参数。任何未取得《广播电视节目传送业务经营许可证(无线)》的单位不得擅自租用或者使用卫星转发器传输广播电视节目。

第十六条 为保证广播电视节目传输安全，广电总局可以要求更换或者关闭传输广播电视节目的卫星转发器。

第十七条 《广播电视节目传送业务经营许可证(无线)》应当包含实施传输覆盖业务的方式、主体、传输覆盖的节目内容、传输覆盖的范围、技术手段、工作频段等内容。持证单位应当按照许可证载明的事项从事广播电视无线传输覆盖业务。

第三章　广播电视无线传输覆盖网频率的使用

第十八条　持有《广播电视节目传送业务经营许可证(无线)》的单位,申请使用微波、卫星非广播电视频率等传输广播电视节目,应当向国家无线电管理机构或者省、自治区、直辖市无线电管理机构办理无线电频率使用许可。

第十九条　持有《广播电视节目传送业务经营许可证(无线)》的单位,申请使用广播电视频率传输广播电视节目,应当提交下列材料:

(一)广播电视频率申请表;

(二)申请使用的广播电视频率涉及修改和调整广播电视覆盖网规划的,提供技术评估报告和与相关部门或者单位的协调文件;

(三)相关广播电视行政部门的审核意见。

第二十条　持有《广播电视节目传送业务经营许可证(无线)》的单位,如需申请使用以下业务的广播电视频率,应当向所在地县级以上人民政府广播电视行政部门提出申请,经逐级审核后,报广电总局审批,领取《广播电视频率使用许可证(甲类)》:

(一)中、短波广播;

(二)调频广播(使用发射机标称功率50瓦(不含)以上发射设备);

(三)调频同步广播;

(四)地面数字声音广播;

(五)地面数字电视广播。

许可证有效期不超过十年。有效期届满需继续开展业务的,应当于届满前六个月按照本办法规定的审批程序办理手续。

第二十一条　持有《广播电视节目传送业务经营许可证(无线)》的单位,如需使用小功率调频发射设备(发射机标称功率50瓦(含)以下)转播已经批准开办的广播节目、开展应急广播信息服务申请使用广播电视频率，应当向所在地县级以上人民政府广播电视行政部门提出申请，经逐级审核后，报省、自治区、直辖市人民政府广播电视行政部门审批，领取《广播电视频率使用许可证（乙类）》。

许可证有效期不超过十年。省、自治区、直辖市人民政府广播电视行政部门应当在作出许可后的三十日内将许可证核发情况向广电总局备案。有效期届满需继续开展业务的，应当于届满前六个月按照本办法规定的审批程序办理手续。

第二十二条 持有《广播电视频率使用许可证》的单位，如需设置、使用无线电台（站），应当向国家无线电管理机构或者省、自治区、直辖市无线电管理机构申请办理无线电台执照。

第四章 无线广播电视发射设备的订购

第二十三条 持有《广播电视频率使用许可证》的单位，如需购买无线广播电视发射设备，应当向核发其《广播电视频率使用许可证》的广播电视行政部门申领《无线广播电视发射设备订购证明》（以下简称《订购证明》），并提交下列材料：

（一）《订购证明》申请表；

（二）《广播电视频率使用许可证》复印件；

（三）相关广播电视行政部门审核意见。

第二十四条 无线传输覆盖网中使用的发射设备应当具有国家无线电发射设备型号核准证和广播电视设备器材入网认定证书。

第二十五条 生产企业应当严格按照《订购证明》所载明的技术参数生产和销售发射设备，并在设备上加贴《订购证明》编号，同时将《订购证明》回执寄回核发《订购证明》的广播电视行政部门。订购证明作为企业生产无线广播电视发射设备的凭证存档备查。

第二十六条 无线广播电视发射设备安装完毕后，设置该发射设备的单位应当在二十日内向核发其《订购证明》的广播电视行政部门提出验收申请，由相应的广播电视行政部门或者其委托的机构负责组织验收。验收合格后，发射设备方可投入正式运行。

第五章 无线广播电视设施的迁建和保护

第二十七条 任何单位和个人均有保护广播电视设施的义务。县级以上人民政府广播电视行政部门负责所管辖的广播电视设施的保护工作，并采取措施，确保广播电视设施的安全。

第二十八条 因重大工程项目或者当地人民政府认为需要搬迁无线广播电视设施的，城市规划行政部门在审批相关城市规划项目前，应当事先征得广电总局同意。迁建广播电视设施，应当具备以下条件：

（一）符合城乡建设总体规划和国家有关规定；

（二）满足广播电视安全播出的技术条件和基础设施；

（三）满足广播电视传输覆盖业务要求，避开各种干扰源；

（四）周围环境符合国家有关环境电磁波防护标准；

（五）确保广播电视设施的各项效能的要求。

第二十九条 申请迁建无线广播电视设施的，应当提交下列材料：

（一）设置无线广播电视设施的批准文件和申请迁建的理由；

（二）城市规划部门的意见；

（三）当地人民政府的批准文件；

（四）广播电视传输覆盖技术评估报告。

第三十条 申请单位应当向所在地县级以上人民政府广播电视行政部门提出申请，经逐级审核后，报广电总局审批。

第三十一条 迁建工作应当坚持先建设后拆除的原则。迁建所需费用由造成广播电视设施迁建的单位承担。

第六章　罚　　则

第三十二条　违反本办法的，依据《广播电视管理条例》《广播电视设施保护条例》处罚。

第七章　附　　则

第三十三条　本办法自2004年12月15日起施行。广电总局《广播电视无线电管理暂行办法》（广发技字〔2001〕817号）同时废止。

广播电视安全播出管理规定

（2009年12月16日国家广播电影电视总局令第62号公布　根据2016年5月4日《国家新闻出版广电总局关于修改部分规章的决定》第一次修订　根据2021年3月23日《国家广播电视总局关于第二批修改的部门规章的决定》第二次修订）

第一章　总　　则

第一条　为了加强广播电视安全播出管理，保障广播电视信号安全优质播出，维护用户收听收看广播电视的权益，根据《广播电视管理条例》《广播电视设施保护条例》，制定本规定。

第二条　为保障广播电视安全播出开展的系统建设、技术维护、运行管理、监测监管、指挥调度、应急处置及其他相关活动，适用本规定。

第三条　国家广播电视总局负责全国广播电视安全播出监督

管理工作。

县级以上地方人民政府广播电视行政部门负责本行政区域内的广播电视安全播出监督管理工作。

第四条 广播电视安全播出工作应当坚持不间断、高质量、既经济、又安全的方针。

第五条 任何组织、个人不得实施干扰广播电视信号、危害广播电视安全播出的行为。

第六条 广播电视安全播出实行分类分级保障制度。从事广播电视播出、集成、传输、分发、覆盖等业务的单位(以下简称安全播出责任单位)应当符合本规定和国家广播电视总局关于广播电视安全播出的有关要求;不符合的,不得从事相关活动。

第七条 安全播出责任单位应当加强制度建设,采取多种措施保障广播电视安全播出。安全播出责任单位的主要负责人应当对本单位的广播电视安全播出工作全面负责。

第八条 县级以上地方人民政府广播电视行政部门可以依据有关规定,对在广播电视安全播出工作中做出显著成绩的组织、个人给予表彰、奖励。

安全播出责任单位应当依据本规定,建立安全播出工作奖惩制度。

第二章 基 本 保 障

第九条 安全播出责任单位应当建立健全安全播出技术维护和运行管理的机构,合理配备工作岗位和人员,并将其他涉及安全播出的部门和人员纳入安全播出管理,落实安全播出责任制。

第十条 安全播出责任单位的安全播出人员管理,应当符合下列规定:

(一)参与节目播出或者技术系统运行维护的人员,应当具有相应的专业技能,并通过岗位培训和考核;

（二）新系统、新设备投入使用前，应当对相关人员进行培训；

（三）特种作业人员应当按照国家广播电视总局的规定或者其他国家有关规定取得相应资格证书。

第十一条 安全播出责任单位的技术系统配置，应当符合下列规定：

（一）符合国家、行业相关技术规范和国家广播电视总局规定的分级配置要求。

（二）针对播出系统特点采取相应的防范干扰、插播、阻断、篡改、攻击等恶意破坏的技术措施。

（三）采用声音、图像、码流录制或者保存技术监测信息等方式对本单位播出、传输、发射的节目信号的质量和效果，以及相关设备运行状态进行记录。记录方式应当符合省、自治区、直辖市以上人民政府广播电视行政部门的有关规定，记录信息应当保存一周以上，异态节目记录信息应当保存一年以上。

（四）使用依法取得广播电视设备器材入网认定的设备、器材和软件，并建立设备更新机制，提高设备运行可靠性。

（五）省级以上广播电台、电视台、卫星地球站应当配置完整、有效的容灾系统，保证特殊情况下主要节目安全播出。

第十二条 安全播出责任单位应当建立健全技术维护、运行管理等安全播出管理制度。

第十三条 安全播出责任单位应当保障技术系统运行维护、更新改造和安全防范等安全播出所需经费。

第十四条 鼓励开展对广播电视安全播出管理、技术的研究和创新，不断提高广播电视安全播出水平。

第三章 日常管理

第十五条 安全播出责任单位的广播电视节目源管理，应当符合下列规定：

（一）广播电台、电视台在节目制作、节目播出编排、节目交接等环节应当执行复核复审、重播重审制度，避免节目错播、空播，并保证节目制作技术质量符合国家、行业相关标准；

（二）广播电台、电视台直播节目应当具备必要的延时手段和应急措施，加强对节目的监听监看，监督参与直播的人员遵守直播管理制度和技术设备操作规范；

（三）从事广播电视传输、分发、覆盖业务的安全播出责任单位应当按照有关规定完整传输、分发必转的广播电视节目；

（四）不得擅自接入、传送、播出境外广播电视节目；

（五）发现广播电视节目中含有法律、行政法规禁止的内容的，应当立即采取措施予以消除或者停止播出、集成、传输、分发、覆盖，保存有关记录，并向广播电视行政部门报告。

第十六条 对新建、扩建或者更新改造广播电视技术系统的工程项目，安全播出责任单位在实施前应当组织相关专家或者委托专业评估机构对技术方案进行安全播出评估；在工程项目完工后应当组织验收，并向广播电视行政部门报告验收情况。

第十七条 新建广播电视技术系统投入使用前，试运行时间不得少于一个月。

第十八条 新建广播电视播出、集成、传输、分发、发射系统需要试播的，安全播出责任单位应当报请省、自治区、直辖市以上人民政府广播电视行政部门批准。

申请材料应当包括申请书、播出保障方案等内容。

试播期不得超过六个月。对安全播出责任单位试播期间的安全播出工作评价纳入广播电视安全播出考核，但非责任性停播事故除外。

第十九条 安全播出责任单位的技术系统运行管理，应当符合下列规定：

（一）按照省、自治区、直辖市以上人民政府广播电视行政部门批准的节目、传输方式、覆盖范围以及相关技术参数播出、集成、传

输、分发、发射广播电视信号,未经批准不得擅自停止或者变更服务;

(二)播出质量、技术运行指标符合国家、行业有关标准;

(三)制定完善的安全播出保障方案和播出、运行工作流程,安全播出保障方案应当报广播电视行政部门备案;

(四)对主要播出环节的信号进行监听监看,对设备运行状态进行监控,及时发现并处置播出故障;

(五)广播电视重点时段和重要节目播出期间,在人员、设施等方面给予保障,做好重点区域、重点部位的防范和应急准备;

(六)定期开展安全播出风险、保障能力自查或者委托专业机构进行评估,发现、消除安全隐患。

第二十条　安全播出责任单位的技术系统维护管理,应当符合下列规定:

(一)遵守国家、行业有关标准,建立健全维护管理制度;

(二)安全播出责任单位之间、播出环节之间做到维护界限清晰、责任明确;

(三)安全播出责任单位委托其他单位承担技术维护或者播出运行工作的,应当选择具备相应技术实力的单位,并与其签订委托协议。

第二十一条　广播电视技术系统的检修、施工管理,应当符合下列规定:

(一)对技术系统定期进行例行检修,例行检修需要停播(传)广播电视节目的,应当将检修计划按照国家广播电视总局的有关规定进行备案;

(二)在例行检修时间之外临时停播(传)广播电视节目进行检修、施工、演练等操作的,应当按照国家广播电视总局的有关规定报请批准或者备案;

(三)更新改造在播系统、设备、线路及其附属设施,应当制定工程施工方案和应急预案,与施工单位签订安全协议,落实安全措施。

第二十二条 安全播出责任单位在播出、集成、传输、分发、覆盖及相关活动中,应当遵守有关安全生产的法律、法规和技术标准。

安全播出责任单位应当遵守有关网络安全的法律、法规和技术标准,履行网络安全责任义务,对涉及安全播出的网络和信息系统开展风险评估和等级保护工作。

第二十三条 广播电视安全播出事故管理,应当符合下列规定:

(一)广播电视安全播出事故分为责任事故、技术事故、其他事故三类,事故级别分为特大(Ⅰ级)、重大(Ⅱ级)、一般(Ⅲ级)三级;

(二)安全播出责任单位发生特大、重大事故后,应当立即向省、自治区、直辖市以上人民政府广播电视行政部门报告;

(三)特大安全播出事故由国家广播电视总局组织事故调查,重大事故由省、自治区、直辖市以上人民政府广播电视行政部门组织事故调查;

(四)发生安全播出事故的,安全播出责任单位的上级主管部门应当根据调查结果依法予以处理。

第二十四条 安全播出责任单位应当定期向广播电视行政部门报送安全播出统计报表和报告。

第四章 重要保障期管理

第二十五条 全国安全播出重要保障期由国家广播电视总局规定,地方安全播出重要保障期由县级以上地方人民政府广播电视行政部门规定。

重要保障期确定后,广播电视行政部门应当及时告知安全播出责任单位。

第二十六条 重要保障期前，安全播出责任单位应当制定重要保障期预案，做好动员部署、安全防范和技术准备。

第二十七条 重要保障期间，安全播出责任单位应当全面落实重要保障期预案的措施、要求，加强值班和监测，并做好应急准备。重要节目和重点时段，主管领导应当现场指挥。

广播电视行政部门应当对安全播出责任单位在重要保障期的各项工作加强监督、检查。

第二十八条 重要保障期间，安全播出责任单位不得进行例行检修或者有可能影响安全播出的施工；因排除故障等特殊情况必须检修并可能造成广播电视节目停播（传）的，应当报省、自治区、直辖市以上人民政府广播电视行政部门批准。

第二十九条 因重要保障期取消例行检修时段的，广播电台、电视台应当提前做好节目安排和节目单核查，避免造成节目空播。

第五章 应急管理

第三十条 广播电视行政部门对本行政区域内广播电视安全播出突发事件应急管理工作负责。

安全播出责任单位负责本单位安全播出突发事件的应急处置工作，并服从广播电视行政部门的统一管理。

第三十一条 广播电视安全播出突发事件分为破坏侵扰事件、网络安全事件、自然灾害事件、技术安全事件、其他事件五类；突发事件级别分为特大（Ⅰ级）、重大（Ⅱ级）、较大（Ⅲ级）、一般（Ⅳ级）四级。

第三十二条 发生安全播出突发事件时，安全播出责任单位应当遵循下列处置原则：

（一）播出、集成、传输、分发、发射、接收的广播电视节目信号受到侵扰或者发现异常信号时，应当立即切断异常信号传播，并在可能的情况下倒换正常信号；

（二）发现无线信号受到干扰时，应当及时进行自查，排除由于自身设备故障、用户误操作等内部原因造成的干扰。自查后仍无法消除干扰的，立即向所在地的省、自治区、直辖市无线电管理机构投诉，报请排查干扰；

（三）发生网络安全事件时，应当按照有关规定立即采取有效措施，阻止有害信息传播，及时恢复正常播出秩序，并向所在地广播电视行政部门和网络安全有关部门报告；

（四）发生危及人身安全或者设施安全的突发事件时，应当在保证人身安全、设施安全的情况下，采取措施尽快恢复播出；

（五）恢复节目信号播出时，应当优先保障主频率主频道节目的播出，遵循"先中央、后地方；先公益、后付费"的原则。

第三十三条 安全播出责任单位应当根据安全播出突发事件的分类、级别和处置原则，制定和适时修订应急预案，定期组织演练，并将预案报广播电视行政部门备案。

第三十四条 安全播出责任单位应当投入必要的资金用于应急资源储备和维护更新，应急资源储备目录、维护更新情况应当报广播电视行政部门备案。

在紧急状态下，安全播出责任单位应当服从广播电视行政部门对应急资源的统一调配，确保重要节目安全播出。

第六章 监督管理

第三十五条 广播电视行政部门履行下列广播电视安全播出监督管理职责：

（一）组织制定并实施运行维护规程及安全播出相关的技术标准、管理规范；

（二）对本行政区域内安全播出情况进行监督、检查，对发现的安全播出事故隐患，督促安全播出责任单位予以消除；

（三）组织对安全播出事件事故的调查并依法处理；

（四）建立健全监测机制，掌握本行政区域内节目播出、传输、覆盖情况，发现和快速通报播出异态；

（五）建立健全指挥调度机制，保证安全播出责任单位和相关部门的协调配合；

（六）组织安全播出考核，并根据考核结果进行表扬或者批评。

第三十六条 广播电视行政部门设立的广播电视监测监管、指挥调度机构，按照广播电视行政部门的要求，负责广播电视信号监测、安全播出保障体系建设、安全播出风险评估、事件事故接报、调查检查等安全播出日常管理以及应急指挥调度的具体工作。

第三十七条 广播电视监测监管、指挥调度机构应当安排专人二十四小时值班，了解与安全播出有关的突发事件，及时向广播电视行政部门报告；建立健全技术监测系统，避免漏监、错监；建立健全指挥调度系统，保证快速、准确发布预警和调度指令。

第三十八条 安全播出责任单位应当按照广播电视行政部门的规定，积极配合广播电视监测监管、指挥调度机构的工作，如实无偿提供节目信号、解密授权及相关信息，并提供安装监测设备的机房环境。

第三十九条 广播电视行政部门应当建立广播电视安全播出举报制度，公布举报电话、信箱或者电子邮件地址；任何组织、个人有权对违反安全播出管理的行为进行举报。

广播电视行政部门受理有关安全播出的举报，应当进行记录；经调查核实的，应当通知有关安全播出责任单位并督促其整改。

第七章 法律责任

第四十条 违反本规定，有下列行为之一的，对直接负责的主管人员和直接责任人员依法给予处分；构成犯罪的，依法追究刑事责任：

（一）发生安全播出特大、重大责任事故造成恶劣影响的；

（二）造成广播电视技术系统严重损害的；

（三）对特大、重大安全播出事故、事件隐瞒不报、谎报或者拖延不报的。

第四十一条 违反本规定，有下列行为之一的，由县级以上人民政府广播电视行政部门给予警告，下达《安全播出整改通知书》；逾期未改正的，给予通报批评，可并处三万元以下罚款；情节严重的，对直接负责的主管人员和直接责任人员依法给予处分：

（一）机构和人员设置、技术系统配置、管理制度、运行流程、应急预案等不符合有关规定，导致播出质量达不到要求的；

（二）对技术系统的代维单位管理不力，引发重大安全播出事故的；

（三）安全播出责任单位之间责任界限不清晰，导致故障处置不及时的；

（四）节目播出、传送质量不好影响用户正常接收广播电视节目的；

（五）从事广播电视传输、分发、覆盖业务的安全播出责任单位未按照有关规定完整传输、分发必转的广播电视节目的；

（六）未按照规定向广播电视行政部门设立的监测监管、指挥调度机构提供完整节目信号、解密授权及相关信息，或者干扰、阻碍监测监管、指挥调度活动的；

（七）妨碍广播电视行政部门监督检查、事故调查，或者不服从安全播出统一调配的；

（八）未按照规定记录、保存本单位播出、集成、传输、分发、发射的节目信号的质量和效果的；

（九）未按照规定向广播电视行政部门备案安全保障方案或者应急预案的。

第四十二条 广播电台、电视台及广播电视监测监管、指挥调度机构违反本规定，县级以上人民政府广播电视行政部门可以依照《广播电视管理条例》和国家有关规定予以处理。

第四十三条 广播电视行政部门及其工作人员在广播电视安全播出管理工作中滥用职权、玩忽职守、徇私舞弊，构成犯罪的，依法追究刑事责任；尚不构成犯罪的，依法给予处分。

第八章 附 则

第四十四条 本规定下列用语的含义：

(一)安全播出，是指在广播电视节目播出、集成、传输、分发过程中的内容完整、信号安全、网络安全和技术安全。其中，内容完整，是指安全播出责任单位完整并准确地播出、集成、传输、分发预定的广播电视内容；信号安全，是指承载广播电视内容的电、光信号不间断、高质量；网络安全，是指广播电视相关业务网络处于稳定可靠运行状态，所承载的广播电视业务数据完整、保密、可用；技术安全，是指广播电视播出、集成、传输、分发、覆盖及相关活动参与人员的人身安全和广播电视设施安全。

(二)技术系统，是指与广播电视安全播出有关的系统、设备、线路及其附属设施的统称。包括：广播电视播出、集成、传输、分发、发射系统以及相关监测、监控系统，相关供配电系统，相关附属设施(含机房以及机房内空调、消防、防雷接地、光电缆所在杆路、管道，天线所在桅塔等)。

(三)紧急状态，是指发生特大、重大安全播出突发事件，需要立即启动应急预案尽快恢复播出或者消除外部威胁对安全播出的影响时的状态。

第四十五条 本规定自2010年2月6日起施行。1992年6月17日原广播电影电视部发布的《有线电视系统技术维护运行管理暂行规定》、2002年4月2日国家广播电影电视总局发布的《有线广播电视传输覆盖网安全管理办法》和2002年8月23日国家广播电影电视总局发布的《有线广播电视传输覆盖网缆线安全防范管理办法》同时废止。

有线广播电视运营服务管理暂行规定

（2011 年 12 月 2 日国家广播电影电视总局令第 67 号公布　根据 2021 年 3 月 23 日《国家广播电视总局关于第二批修改的部门规章的决定》修订）

第一章　总　　则

第一条　为了规范有线广播电视运营服务行为，提高服务质量，维护用户合法权益，根据《广播电视管理条例》，制定本规定。

第二条　本规定所称有线广播电视运营服务，是指依法设立的有线广播电视运营服务提供者，利用有线广播电视传输覆盖网向用户提供服务的活动。

第三条　有线广播电视运营服务工作应当遵循用户为本、安全畅通、公平合理、公益优先的原则。

有线广播电视运营服务提供者应当按照科学审慎、安全可靠、提高效率的原则，推进有线电视与新一代信息通信技术深度融合，提供智慧化广播电视服务和数据传输服务，持续改进服务质量，使有线广播电视网络成为国家重要信息基础设施建设的战略性资源平台。

第四条　有线广播电视运营服务监督管理工作应当遵循公开、公平、公正的原则，实行政府监管、行业自律、社会监督相结合的机制，促进有线广播电视运营服务提供者不断提升公共服务水平，提高用户覆盖率和服务质量。

第五条　国家广播电视总局负责全国有线广播电视运营服务监督管理工作。

县级以上地方人民政府广播电视行政部门负责本行政区域内的有线广播电视运营服务监督管理工作。

第六条 县级以上人民政府广播电视行政部门按照有关规定,对在有线广播电视运营服务工作中做出突出贡献的组织、个人给予奖励。

第二章 服务要求

第七条 有线广播电视运营服务提供者应当向社会公布其业务种类、服务范围、服务时限、资费标准,并向省、自治区、直辖市人民政府广播电视行政部门备案。

有线广播电视运营服务提供者向用户提供的业务质量指标和服务质量指标应当符合国家和行业标准、要求。

第八条 有线广播电视运营服务提供者应当向社会公布所传送的基本收视频道目录。

基本收视频道中应当包括国家广播电视总局要求转播的广播电视节目和县级以上地方人民政府广播电视行政部门要求转播的经国家广播电视总局批准的本地广播电视节目。

第九条 除下列情况外,有线广播电视运营服务提供者不得更改所传送的基本收视频道:

(一)国家广播电视总局依法作出的决定;

(二)信号源不符合传送条件或者已停止播出的;

(三)与节目提供方的协议有效期满或者节目提供方承担违约责任的;

(四)法律、行政法规、规章规定的其他情形。

终止传送基本收视频道的,有线广播电视运营服务提供者应当向所涉及用户公告,并采取措施保证基本收视频道数量。有前款第二项规定情形的,有线广播电视运营服务提供者应当于当日向省、自治区、直辖市人民政府广播电视行政部门报告。

第十条 有线广播电视运营服务提供者停止经营某项业务时,应当至少提前十五个工作日公告或者通知有关用户,并公平合理地做好用户善后工作。

第十一条 有线广播电视运营服务提供者应当以书面或者其他形式,明确与用户的权利和义务。格式合同条款应当公平合理、准确全面、简单明了,并采取适当方式提醒用户注意免除或者限制服务提供者责任的条款。

第十二条 有线广播电视运营服务提供者应当根据网络规模和用户分布情况设置服务网店,合理安排服务时间,方便用户办理有关事项。

有线广播电视运营服务提供者应当按照当地人民政府的要求,向残疾人和行动不便的老年人等用户提供便捷的服务,对低保户、特困人群等用户给予资费减免等优惠。

第十三条 有线广播电视运营服务提供者向用户提供的服务项目应当包括安装、业务开通、迁移、变更、暂停、恢复、终止(注销)、故障维修、缴费、咨询、投诉和公告等内容。

第十四条 有线广播电视运营服务提供者应当在用户办理业务时,真实准确地向用户说明该项业务的功能、使用范围、取消方式、资费标准及缴纳办法、服务保障、客服电话等内容。

第十五条 有线广播电视运营服务提供者在接到用户的安装或者业务开通申请后,对城镇地区的用户应当在两个工作日内答复,对农村或者交通不便地区的用户应当在五个工作日内答复;未予受理的,应当向用户告知原因。

第十六条 有线广播电视运营服务提供者应当设立统一的客服电话,为用户提供 7×24 小时故障报修、咨询和投诉等服务。其中故障报修应当提供 7×24 小时人工服务。

第十七条 有线广播电视运营服务提供者接到用户故障报修后,需要上门维修的,应当自接报后二十四小时内与用户预约上门维修时间。

第十八条 城镇用户的网络和设备故障,有线广播电视运营服务提供者应当自接报之日的次日起或者用户同意的上门维修时间起二十四小时内修复,重大故障应当在四十八小时内修复;农村或者交通不便地区用户的故障,有线广播电视运营服务提供者应当自接报之日的次日起或者用户同意的上门维修时间起七十二小时内修复。

第十九条 因不可抗力原因造成不能按时上门维修或者修复的,有线广播电视运营服务提供者应当及时向用户说明,修复时限从不可抗力原因消失后开始计算。

第二十条 有线广播电视运营服务提供者委派的上门维修人员应当遵守预约时间,出示工作证明并佩带本单位标识,爱护用户设施。需要收取费用的,应当事先向用户说明。

第二十一条 有线广播电视运营服务提供者更改、调整数字广播电视频道序号,或者因系统设备及线路计划检修、设备搬迁、工程割接、网络及软件升级等可预见的原因影响用户收看或者使用的,应当提前七十二小时向所涉及的用户公告;影响用户的时间超过二十四小时的,应当同时向所在地县级以上地方人民政府广播电视行政部门报告。

前款规定的原因消除后,有线广播电视运营服务提供者应当及时恢复服务。

第二十二条 因不可抗力、重大网络故障或者突发性事件影响用户使用的,有线广播电视运营服务提供者应当向所涉及用户公告;因其他不可预见的原因影响用户使用的,可以不予公告,但应当在用户咨询时告知原因。

第二十三条 有线广播电视运营服务提供者应当执行国家有关价格管理的规定,明码标价,需要调整资费标准、计费方式等重要事项时,应当向用户公告。

有线广播电视运营服务提供者应当为用户缴费和查询费用等提供便利,并为用户免费提供一年内的缴费记录查询。

第二十四条 用户逾期未按照约定缴纳有线广播电视基本收视维护费的,有线广播电视运营服务提供者可以暂停或者终止相应业务服务,但应当提前二十四小时通知用户。暂停服务期间,不得终止中央电视台第一套节目信号传送服务。

用户补足应缴费用的,有线广播电视运营服务提供者应当及时恢复服务,最迟不得超过二十四小时。

第二十五条 有线广播电视运营服务提供者应当建立用户投诉处理机制,形成包括受理、调查、处理、反馈、评估、报告、改进、存档等环节的完整工作流程。对用户关于服务的投诉,应当在十个工作日内答复。

有线广播电视运营服务提供者收到广播电视行政部门或者其设立的投诉处理机构转来的用户投诉后,应当在要求的期限内完成有关投诉处理事宜;不能按时完成的,应当向有关广播电视行政部门或者投诉处理机构提前说明情况。

第二十六条 有线广播电视运营服务提供者如需委托其他单位向用户提供安装、故障维修、缴费等服务,应当选择有相应技术实力、服务和管理能力、在工商管理机构注册登记、无不良记录的单位,并应当签订委托协议,对受委托单位进行定期检查和评估,加强日常管理。

受委托单位因其服务行为与用户产生纠纷的,由有线广播电视运营服务提供者依法承担责任。

第二十七条 有线广播电视运营服务提供者应当建立用户信息安全监管体系,如实登记用户个人信息,并依法负有保密义务。未经用户许可,不得泄露用户个人信息。

第二十八条 有线广播电视运营服务提供者应当对从业人员进行服务规范方面的培训。

第二十九条 有线广播电视运营服务提供者应当配合广播电视行政部门依法实施的监督检查,如实提供有关资料和情况。

第三十条 有线广播电视运营服务提供者应当建立健全服务质量管理体系,按照省、自治区、直辖市以上人民政府广播电视行政部门的要求,对本单位服务质量进行自查,并向社会公布本单位服务质量状况。

有线广播电视运营服务提供者应当每年将自查情况通过省、自治区、直辖市人民政府广播电视行政部门向国家广播电视总局报告。

第三十一条 为应对突发事件,有线广播电视运营服务提供者应当按照所在地人民政府的部署和要求,接受广播电视行政部门的指挥调度以及对有线网络资源的调配。

第三十二条 有线广播电视运营服务提供者应当创造条件,积极整合、运营和管理有线电视系统,向其用户提供符合本规定要求的服务。

第三章 监督管理

第三十三条 省、自治区、直辖市以上人民政府广播电视行政部门应当制定工作规划,组织开展有线广播电视运营服务质量评价活动,及时掌握服务动态,督促有线广播电视运营服务提供者不断提高服务质量。

第三十四条 省、自治区、直辖市以上人民政府广播电视行政部门应当不定期组织对本行政区域内有线广播电视运营服务提供者的服务质量进行抽查,并向社会公布抽查结果。

第三十五条 县级以上人民政府广播电视行政部门应当根据实际情况建立有线广播电视运营服务投诉处理机构,积极处理和妥善解决用户投诉,并将用户投诉情况作为有线广播电视运营服务质量评价的指标和内容。

第三十六条 广播电视行政部门或者投诉处理机构接到用户投诉后,应当予以记录并及时调查、处理;用户需要回复意见的,应当将处理结果告知用户。

第三十七条 广播电视行政部门的工作人员在监督检查有线广播电视运营服务质量和处理用户投诉时,可以行使下列职权:

（一）询问被检查的单位及有关人员，并要求提供相关资料；

（二）进入被检查单位的工作场所，查询、复制有关资料和原始记录。

第三十八条 广播电视行政部门的工作人员实施的监督检查工作应当由两名以上工作人员共同进行。执法人员应当出示执法证件，并对查询、复制的资料依法负有保密义务。

第三十九条 县级以上人民政府广播电视行政部门可以聘请社会义务监督员，对有线广播电视运营服务提供者侵害用户权益的行为和有关部门工作人员在监督检查工作中的违法失职行为进行监督。

第四章 法律责任

第四十条 有线广播电视运营服务提供者违反本规定第七条、第八条、第九条、第二十七条、第二十九条、第三十条的，由县级以上人民政府广播电视行政部门责令改正，给予警告；情节严重的，并处一万元以上三万元以下的罚款。

第四十一条 有线广播电视运营服务提供者违反本规定第十条、第二十一条、第二十二条的，由县级以上人民政府广播电视行政部门责令改正，给予警告；情节严重的，并处五千元以上两万元以下的罚款。

第四十二条 有线广播电视运营服务提供者违反本规定第十六条、第十七条、第十八条、第二十条、第二十五条、第二十八条的，由县级以上人民政府广播电视行政部门给予警告；情节严重的，并处五千元以下的罚款。

第四十三条 广播电视行政部门、投诉处理机构的工作人员未按照本规定履行职责或者有其他滥用职权、玩忽职守、徇私舞弊行为的，依法给予处分。

第五章　附　　则

第四十四条　有线广播电视运营服务提供者可以根据所服务区域实际情况，制定不低于本规定要求的具体服务标准。

第四十五条　本规定自2012年3月1日起施行。

专网及定向传播视听节目服务管理规定

（2016年4月25日国家新闻出版广电总局令第6号公布　根据2021年3月23日《国家广播电视总局关于第二批修改的部门规章的决定》修订）

第一章　总　　则

第一条　为规范专网及定向传播视听节目服务秩序，促进行业健康有序发展，保护公众和从业机构的合法权益，维护国家利益和公共利益，根据国家有关规定，制定本规定。

第二条　本规定所称专网及定向传播视听节目服务，是指以电视机、手机等各类固定、移动电子设备为接收终端，通过局域网络及利用互联网架设虚拟专网或者以互联网等信息网络为定向传输通道，向公众定向提供广播电视节目等视听节目服务活动，包括以交互式网络电视（IPTV）、专网手机电视、互联网电视等形式从事内容提供、集成播控、传输分发等活动。

第三条　国家广播电视总局负责全国专网及定向传播视听节目服务的监督管理工作。

县级以上地方人民政府广播电视行政部门负责本行政区域内专网及定向传播视听节目服务的监督管理工作。

第四条　从事专网及定向传播视听节目服务，应当坚持为人民服务、为社会主义服务，把社会效益放在首位，弘扬社会主义核心价值观，弘扬民族优秀传统文化，弘扬正能量。

专网及定向传播视听节目服务单位应当自觉遵守宪法、法律和行政法规，提供更多更好的专网及定向传播视听节目服务，不断丰富人民群众的精神文化生活。

鼓励专网及定向传播视听节目服务行业组织发挥行业自律、引导、服务功能，鼓励公众监督专网及定向传播视听节目服务。

第二章　专网及定向传播视听节目服务单位的设立

第五条　从事内容提供、集成播控、传输分发等专网及定向传播视听节目服务，应当依照本规定取得《信息网络传播视听节目许可证》。

《信息网络传播视听节目许可证》由国家广播电视总局根据专网及定向传播视听节目服务的业务类别、服务内容、传输网络、覆盖范围等事项分类核发。

专网及定向传播视听节目服务业务指导目录由国家广播电视总局制定。

第六条　申请从事专网及定向传播视听节目服务的单位，应当具备下列条件：

（一）具备法人资格，为国有独资或者国有控股单位；

（二）有健全的节目内容编审、安全传播管理制度和安全保护措施；

（三）有与其业务相适应的技术能力、经营场所和相关资源；

（四）有与其业务相适应的专业人员；

（五）技术方案符合国家有关标准和技术规范；

（六）符合国家广播电视总局确定的专网及定向传播视听节目服务总体规划、布局和业务指导目录；

（七）符合法律、行政法规和国家规定的其他条件。

外商投资企业不得从事专网及定向传播视听节目服务。

第七条 申请从事内容提供服务的，应当是经国家广播电视总局批准设立的地（市）级以上广播电视播出机构或者中央新闻单位等机构，还应当具备两千小时以上的节目内容储备和三十人以上的专业节目编审人员。

申请从事集成播控服务的，应当是经国家广播电视总局批准设立的省、自治区、直辖市级以上广播电视播出机构。

申请从事交互式网络电视（IPTV）传输服务、专网手机电视分发服务的，应当是工业和信息化部批准的具有合法基础网络运营资质的单位，并具有一定规模的公共信息基础网络设施资源和为用户提供长期服务的信誉或者能力。

第八条 申请从事专网及定向传播视听节目服务，应当向省、自治区、直辖市人民政府广播电视行政部门提出申请，中央直属单位可直接向国家广播电视总局提出申请。

省、自治区、直辖市人民政府广播电视行政部门应当自收到申请之日起二十日内提出初核意见，并将初核意见及全部申请材料报国家广播电视总局审批；国家广播电视总局应当自收到申请或者初核意见之日起四十日内作出许可或者不予许可的决定，其中专家评审时间为二十日。予以许可的，向申请人颁发《信息网络传播视听节目许可证》，并向社会公告；不予许可的，应当书面通知申请人并说明理由。

第九条 《信息网络传播视听节目许可证》有效期为三年。有效期届满，需继续从事专网及定向传播视听节目服务的，应当于有效期届满前三十日内，持符合本规定第六条、第七条条件的相关材料，按照本规定的审批程序办理续办手续。

第十条 专网及定向传播视听节目服务单位变更《信息网络传播视听节目许可证》载明的业务类别、服务内容、传输网络、覆盖范围等业务项目以及变更股东、股权结构等重大事项的，应当事先按本规定办理审批手续。

专网及定向传播视听节目服务单位的单位名称、办公场所、法定代表人依法变更的,应当在变更后十五日内向原发证机关备案。

专网及定向传播视听节目服务单位采用合资、合作模式开展节目生产购销、广告投放、市场推广、商业合作、收付结算、技术服务等经营性业务的,应当在签订合资、合作协议后十五日内向原发证机关备案。

第十一条 专网及定向传播视听节目服务单位在专网及定向传播视听节目服务业务指导目录载明的业务类别之外,拟增加新产品或者开展新业务的,应当报国家广播电视总局进行安全评估。

第十二条 专网及定向传播视听节目服务单位应当在取得《信息网络传播视听节目许可证》九十日内提供服务。未按期提供服务的,由原发证机关注销其《信息网络传播视听节目许可证》。

如因特殊原因,延期或者中止提供服务的,应当经原发证机关同意。申请终止服务的,应当提前六十日向原发证机关申报,由原发证机关注销其《信息网络传播视听节目许可证》。

未经申报,连续停止业务超过六十日的,由原发证机关按终止业务处理,并注销其《信息网络传播视听节目许可证》。

第三章　专网及定向传播视听节目服务规范

第十三条 专网及定向传播视听节目服务单位应当按照《信息网络传播视听节目许可证》载明的事项从事专网及定向传播视听节目服务。

第十四条 专网及定向传播视听节目服务单位应当建立健全与国家网络信息安全相适应的安全管理制度、保障体系和技术保障手段,履行安全保障义务。

专网及定向传播视听节目服务单位应当为广播电视行政部门设立的节目监控系统提供必要的信号接入条件。

第十五条 专网及定向传播视听节目服务单位相互之间应当

按照广播电视行政部门的管理规定和相关标准实行规范对接，并为对接提供必要的技术支持和服务保障。

第十六条 用于专网及定向传播视听节目服务的技术系统和终端产品，应当符合国家有关标准和技术规范。

任何单位不得向未取得专网及定向传播视听节目服务许可的单位提供与专网及定向传播视听节目服务有关的服务器托管、网络传输、软硬件技术支持、代收费等服务。

第十七条 专网及定向传播视听节目服务单位传播的节目应当符合法律、行政法规、部门规章的规定，不得含有以下内容：

（一）违反宪法确定的基本原则，煽动抗拒或者破坏宪法、法律、行政法规实施的；

（二）危害国家统一、主权和领土完整，泄露国家秘密，危害国家安全，损害国家荣誉和利益的；

（三）诋毁民族优秀文化传统，煽动民族仇恨、民族歧视，侵害民族风俗习惯，歪曲民族历史和民族历史人物，伤害民族感情，破坏民族团结的；

（四）宣扬宗教狂热，危害宗教和睦，伤害信教公民宗教感情，破坏信教公民和不信教公民团结，宣扬邪教、迷信的；

（五）危害社会公德，扰乱社会秩序，破坏社会稳定，宣扬淫秽、赌博、吸毒，渲染暴力、恐怖，教唆犯罪或者传授犯罪方法的；

（六）侵害未成年人合法权益或者损害未成年人身心健康的；

（七）侮辱、诽谤他人或者散布他人隐私，侵害他人合法权益的；

（八）法律、行政法规禁止的其他内容。

第十八条 专网及定向传播视听节目服务单位传播的电影、电视剧、动画片、纪录片等节目，应当符合国家广播电影电视相关管理规定。专网及定向传播视听节目服务单位传播的时政类视听新闻节目，应当是地（市）级以上广播电视播出机构制作、播出的新闻节目。

专网及定向传播视听节目服务单位不得转播、链接、聚合、集成非法广播电视频道节目、非法视听节目网站的节目和未取得内容提供服务许可的单位开办的节目。

专网及定向传播视听节目服务单位应当遵守著作权法律、行政法规的规定,采取版权保护措施,保护著作权人的合法权益。

第十九条 内容提供服务单位,负责建设和运营内容提供平台,组织、编辑和审核节目内容。

内容提供服务单位播出的节目应当经过集成播控服务单位设立的集成播控平台统一集成后提供给用户。内容提供服务单位应当选择依法取得集成播控服务许可的单位提供接入服务。

第二十条 内容提供服务单位负责审查其内容提供平台上的节目是否符合本规定第十七条的规定和版权管理要求,并进行播前审查。

内容提供服务单位应当建立健全节目审查、安全播出等节目内容管理制度,配备专业节目审查人员。所播出节目的名称、内容概要、播出时间、时长、来源等信息,应当至少保留六十日,并配合广播电视行政部门依法查询。

内容提供服务单位发现含有违反本规定的节目,应当立即删除并保存有关记录,并向广播电视行政部门报告,落实广播电视行政部门的管理要求。

第二十一条 集成播控服务单位,负责集成播控平台的建设和运营,负责对内容提供服务单位播出的节目的统一集成和播出监控,负责电子节目指南(EPG)、用户端、计费、版权等管理。

集成播控服务单位发现接入集成播控平台的节目含有违反本规定的内容时,应当立即切断节目源,并向广播电视行政部门报告。

第二十二条 集成播控服务单位应当建立健全安全播控管理制度,采取技术安全管控措施,配备专业安全播控管理人员,按照广播电视行政部门的管理规定集成播控节目。

集成播控服务单位在提供接入服务时，应当查验内容提供服务单位的《信息网络传播视听节目许可证》，并为其提供优质的信号接入服务，不得擅自插播、截留、变更内容提供服务单位播出的节目信号。

第二十三条 集成播控服务单位和内容提供服务单位应当在播出界面显著位置标注国家广播电视总局批准的播出标识、名称。

第二十四条 传输分发服务单位应当遵守广播电视行政部门有关安全传输的管理规定，建立健全安全传输管理制度，保障网络传输安全。

传输分发服务单位在提供传输分发服务前，应当查验集成播控服务单位的《信息网络传播视听节目许可证》。不得擅自插播、截留、变更集成播控平台发出的节目信号和电子节目指南（EPG）、用户端、计费、版权等控制信号。

第二十五条 省、自治区、直辖市以上人民政府广播电视行政部门应当建立健全节目监管系统，建立公众监督举报制度，加强对专网及定向传播视听节目服务的监督管理。

广播电视行政部门发现专网及定向传播视听节目服务单位未及时处置违法违规内容、落实监管措施的，可以对其主要负责人、法定代表人、总编辑进行约谈。

第四章 法律责任

第二十六条 擅自从事专网及定向传播视听节目服务的，由县级以上人民政府广播电视行政部门予以警告、责令改正，可并处三万元以下罚款；情节严重的，根据《广播电视管理条例》第四十七条的规定予以处罚。

第二十七条 专网及定向传播视听节目服务单位传播的节目内容违反本规定的，由县级以上人民政府广播电视行政部门予以警告、责令改正，可并处三万元以下罚款；情节严重的，根据《广播电视管理条例》第四十九条的规定予以处罚。

第二十八条 违反本规定，有下列行为之一的，由县级以上人民政府广播电视行政部门予以警告、责令改正，可并处三万元以下罚款；情节严重的，根据《广播电视管理条例》第五十条的规定予以处罚：

（一）未按照《信息网络传播视听节目许可证》载明的事项从事专网及定向传播视听节目服务的；

（二）违规传播时政类视听新闻节目的；

（三）集成播控服务单位未对内容提供服务单位播出的节目进行统一集成和播出监控或者未负责电子节目指南（EPG）、用户端、计费、版权等管理的。

第二十九条 违反本规定，有下列行为之一的，由县级以上人民政府广播电视行政部门予以警告、责令改正，可并处三万元以下罚款；情节严重的，根据《广播电视管理条例》第五十一条的规定予以处罚：

（一）专网及定向传播视听节目服务单位转播、链接、聚合、集成非法广播电视频道节目、非法视听节目网站的节目和未取得内容提供服务许可的单位开办的节目的；

（二）集成播控服务单位擅自插播、截留、变更内容提供服务单位播出的节目信号的；

（三）传输分发服务单位擅自插播、截留、变更集成播控平台发出的节目信号和电子节目指南（EPG）、用户端、计费、版权等控制信号的。

第三十条 违反本规定，有下列行为之一的，由县级以上人民政府广播电视行政部门予以警告、责令改正，可并处三万元以下罚款；同时，可对其主要出资者和经营者予以警告，可并处两万元以下罚款：

（一）变更股东、股权结构等重大事项，未事先办理审批手续的；

（二）专网及定向传播视听节目服务单位的单位名称、办公场所、法定代表人依法变更后未及时向原发证机关备案的；

（三）未按本规定要求，将拟增加的新产品或者开展的新业务报国家广播电视总局进行安全评估的；

（四）采用合资、合作模式开展节目生产购销、广告投放、市场推广、商业合作、收付结算、技术服务等经营性业务未及时向原发证机关备案的；

（五）集成播控服务单位和传输分发服务单位在提供服务时未履行许可证查验义务的；

（六）未按本规定要求建立健全与国家网络信息安全相适应的安全播控、节目内容、安全传输等管理制度、保障体系的；

（七）集成播控服务单位和内容提供服务单位未在播出界面显著位置标注播出标识、名称的；

（八）内容提供服务单位未采取版权保护措施，未保留节目播出信息或者未配合广播电视行政部门查询，以及发现含有违反本规定的节目时未及时删除并保存记录或者未报告广播电视行政部门的；

（九）集成播控服务单位发现接入集成播控平台的节目含有违反本规定的内容时未及时切断节目源或者未报告广播电视行政部门的；

（十）用于专网及定向传播视听节目服务的技术系统和终端产品不符合国家有关标准和技术规范的；

（十一）向未取得专网及定向传播视听节目服务许可的单位提供与专网及定向传播视听节目服务有关的服务器托管、网络传输、软硬件技术支持、代收费等服务的；

（十二）未向广播电视行政部门设立的节目监控系统提供必要的信号接入条件的；

（十三）专网及定向传播视听节目服务单位在同一年度内三次出现违规行为的；

（十四）拒绝、阻挠、拖延广播电视行政部门依法进行监督检查或者在监督检查过程中弄虚作假的；

（十五）以虚假证明、文件等手段骗取《信息网络传播视听节目许可证》的。

有前款第十五项行为的，发证机关应当撤销其《信息网络传播视听节目许可证》。

第三十一条 广播电视行政部门工作人员滥用职权、玩忽职守的，依法给予处分；构成犯罪的，依法追究刑事责任。

第五章 附 则

第三十二条 制作、编辑、集成并通过互联网向公众提供视音频节目以及为他人提供上载传播视听节目服务的，由国家广播电视总局、工业和信息化部按照国家有关规定进行监督管理。

第三十三条 本规定自2016年6月1日起施行。2004年7月6日国家广播电影电视总局发布的《互联网等信息网络传播视听节目管理办法》（国家广播电影电视总局令第39号）同时废止。

关于废止《罚没财物和追回赃款赃物管理办法》的决定

（2021年3月29日财政部令第105号公布 自公布之日起施行 国司备字〔2021004121〕）

为了适应依法行政、依法理财的需要，做好有关制度调整后的衔接工作，决定废止《罚没财物和追回赃款赃物管理办法》（〔86〕财预第228号）。

本决定自公布之日起施行。

金融控股公司董事、监事、高级管理人员任职备案管理暂行规定

（2021年3月31日中国人民银行令〔2021〕第2号公布　自2021年5月1日起施行　国司备字[2021004105]）

第一章　总　　则

第一条　为了加强对金融控股公司董事、监事、高级管理人员的任职管理，规范金融控股公司运作，防范经营风险，根据《国务院关于实施金融控股公司准入管理的决定》（国发〔2020〕12号）、《金融控股公司监督管理试行办法》（中国人民银行令〔2020〕第4号发布）及有关法律法规，制定本规定。

第二条　对金融控股公司董事、监事、高级管理人员的任职管理，适用本规定。

本规定所称高级管理人员，是指对金融控股公司经营管理、风险控制具有决策权或者重大影响的人员，包括：总经理、副总经理、总经理助理、董事会秘书、风险管理负责人、合规负责人、财务负责人、审计负责人、同职级的其他高级管理人员，以及实际履行上述职务职责的人员。

第三条　中国人民银行负责对金融控股公司董事、监事、高级管理人员的任职进行备案和监督管理。

中国人民银行副省级城市中心支行以上分支机构（以下简称中国人民银行分支机构）依照本规定开展相关工作。

第四条　金融控股公司董事、监事、高级管理人员应当符合法律、行政法规的相关规定以及中国人民银行规定的任职条件。

金融控股公司不得任用不符合任职条件的人员担任董事、监

事、高级管理人员，不得授权不符合任职条件的人员实际行使董事、监事、高级管理人员的相关职权。

第五条 金融控股公司董事、监事、高级管理人员应当遵守法律、行政法规和中国人民银行有关规定，遵守金融控股公司章程，遵循诚信原则，切实履行职责，不得利用职务之便牟取非法利益。

第二章 任职条件

第六条 担任金融控股公司董事、监事、高级管理人员的，应当具备下列条件：

（一）具有完全民事行为能力；

（二）具有良好的守法合规记录；

（三）具有良好的品行、声誉；

（四）具有大学本科以上学历或者学士以上学位；

（五）从事金融工作5年以上，或者从事相关经济工作等与其履行职责相适应的工作8年以上，并具有良好的从业记录；

（六）具有与职务相适应的知识、经验和能力。

第七条 担任金融控股公司董事长、副董事长、监事会主席、总经理、副总经理或者实际履行上述职务职责的人员，应当从事金融工作8年以上，或者从事相关经济工作10年以上，并具有良好的从业记录。

金融控股公司董事长、监事会主席、总经理或者实际履行上述职务职责的人员，原则上在同一家金融控股公司任同一职务时间累计不得超过10年。

第八条 金融控股公司高级管理人员还应当具有下列任职经历之一：

（一）担任金融控股公司等金融机构部门负责人同等及以上职务不少于2年，其中担任总经理或者实际履行其职务职责的人员，该任职经历应当不少于5年；

（二）担任金融管理部门相当管理职务不少于2年，其中担任总经理或者实际履行其职务职责的人员，该任职经历应当不少于5年；

（三）其他证明其具有该职务所需知识、能力、经验的任职经历。

第九条 担任金融控股公司财务负责人的，还应当取得高级会计师以上职称或者注册会计师资格，并从事财务、会计或者审计相关工作2年以上。没有取得高级会计师以上职称或者注册会计师资格的，应当从事财务、会计或者审计相关工作10年以上。

担任金融控股公司风险管理负责人的，还应当从事风险管理相关工作2年以上。

担任金融控股公司合规负责人的，还应当从事法律合规相关工作2年以上。

担任金融控股公司审计负责人的，还应当从事财务、会计或者审计相关工作2年以上。

第十条 金融控股公司所实质控制金融机构中包含商业银行（不含村镇银行）的，其董事、高级管理人员中应当分别至少有1人在商业银行（不含村镇银行）担任部门负责人同等及以上职务不少于3年，或者在相应金融管理部门担任相当管理职务不少于3年。

金融控股公司所实质控制金融机构中包含证券公司的，其董事、高级管理人员中应当分别至少有1人在证券公司担任部门负责人同等及以上职务不少于3年，或者在相应金融管理部门担任相当管理职务不少于3年。

金融控股公司所实质控制金融机构中包含保险公司的，其董事、高级管理人员中应当分别至少有1人在保险公司担任部门负责人同等及以上职务不少于3年，或者在相应金融管理部门担任相当管理职务不少于3年。

第十一条 有下列情形之一的，不得担任金融控股公司董事、监事、高级管理人员：

（一）因犯有危害国家安全、恐怖主义、贪污、贿赂、侵占财产、挪用财产、黑社会性质犯罪或者破坏社会主义经济秩序罪，被判处刑罚，自执行期满之日起未逾5年；或者因犯罪被剥夺政治权利，自执行期满之日起未逾5年；或者涉嫌从事重大违法活动、被相关部门调查尚未作出处理结论。

（二）对曾任职机构违法违规行为、重大损失负有个人责任或者直接领导责任，情节严重的，或者对曾任职机构被接管、撤销、宣告破产或者吊销营业执照负有个人责任，自该机构被接管、撤销、宣告破产或者吊销营业执照之日起未逾3年。

（三）不配合或者指使他人不配合依法监管或者案件查处而受到处罚未逾3年。

（四）被金融管理部门取消、撤销任职资格未逾3年，或者被金融管理部门禁止进入市场期满未逾3年，或者被金融管理部门处罚未逾3年。

（五）被国家机关开除公职，自作出处分决定之日起未逾3年。

（六）本人或者其配偶有数额较大的逾期债务未能偿还的，或者被司法机关列入失信被执行人名单。

（七）本人或者其近亲属存在妨碍履职独立性的情形，包括但不限于：本人与其近亲属合并持有该金融控股公司5%以上股份，且从该金融控股集团获得的授信总额明显超过其持有的该金融控股集团股权净值的；本人及其所控股的股东单位合并持有该金融控股公司5%以上股份，且从该金融控股集团获得的授信总额明显超过其持有的该金融控股集团股权净值的；本人或者其配偶在持有该金融控股公司5%以上股份的股东单位任职，且该股东单位从该金融控股集团获得的授信总额明显超过其持有的该金融控股集团股权净值的，但能够证明相应授信与本人或者其配偶没有关系的除外。

（八）有违反社会公德、职业道德等不良行为，或者造成重大损失或者恶劣影响的其他情形。

第十二条　金融控股公司独立董事除不得存在第十一条所列情形外，还不得存在下列情形：

（一）本人及其近亲属合并持有该金融控股公司或者其所控股单个机构1%以上股份或者股权；

（二）本人或者其近亲属在持有该金融控股公司1%以上股份或者股权的股东单位任职；

（三）本人或者其近亲属在该金融控股公司或者其所控股机构任职，其中不包括本人在该金融控股公司担任独立董事；

（四）本人或者其近亲属任职的机构与该金融控股公司之间存在因法律、会计、审计、管理咨询、担保合作等方面的业务联系或者债权债务等方面的利益关系，以致于妨碍其履职独立性的情形；

（五）本人或者其近亲属可能被该金融控股公司主要股东、高级管理层控制或者施加重大影响，以致于妨碍其履职独立性的其他情形。

第十三条　独立董事在同一家金融控股公司任职时间累计不得超过6年，且同时最多只能在两家金融控股公司兼任独立董事。

第十四条　金融控股公司董事、监事、高级管理人员的兼任行为不得违反法律、行政法规及金融管理部门有关规定，不得存在利益冲突，或者明显分散其在该金融控股公司履职的时间和精力。

金融控股公司董事长和总经理应当分设。金融控股公司高级管理人员除在本公司参股或者在其控股的机构担任董事、监事之外，不得在其他营利性机构兼任职务。法律法规和中国人民银行另有规定的除外。

第三章　任职备案

第十五条　金融控股公司任命董事、监事、高级管理人员或者授权相关人员履行董事、监事、高级管理人员职责，应当确认其符合相应的任职条件，并自决定作出之日起5个工作日内向中国人民银行提交下列备案材料，同时抄送住所地中国人民银行分支机构：

（一）备案报告书，内容至少包含所任职务、职责范围、权限及该职务在本金融控股公司组织架构中的位置，并对照本规定的任职条件逐项进行说明；

（二）中国人民银行统一制作的任职备案表；

（三）身份、学历、学位和相关专业技术资格等材料的复印件；

（四）关于任职人员品行、专业知识、业务能力、工作业绩等方面的综合鉴定；

（五）股东（大）会、董事会关于董事、监事、高级管理人员的任职决议；

（六）金融控股公司董事、监事、高级管理人员的个人信用报告；

（七）最近 3 年内曾担任金融机构董事长或者高级管理人员的，还应当提交最近职务的离任审计报告或者经济责任审计报告；

（八）不存在任何不符合任职条件情形的书面承诺；

（九）其他证明任职人员符合任职条件的材料。

金融控股公司以及备案的董事、监事、高级管理人员应当对材料的真实性、完整性负责，不得有虚假记载、误导性陈述和重大遗漏。申请设立金融控股公司的机构应当在申请时提交前款所列拟任董事、监事、高级管理人员的材料。

第十六条　本规定第十五条所规定的备案材料应当分别加盖单位公章，纸质材料提交一式两份。备案材料正本的电子扫描光盘一张（PDF 格式文件），随纸质材料一同报送。

第十七条　金融控股公司董事、监事、高级管理人员改任的，高级管理人员兼任其他高级管理职务的，以及董事与高级管理人员相互兼任的，除本条第二款所述情形外，应当按规定备案。

金融控股公司应当在作出下列改任、兼任决定之日起 5 个工作日内向中国人民银行及其分支机构书面报告：

（一）已备案的金融控股公司董事长、副董事长、监事会主席，在同一金融控股公司内改任除独立董事之外其他董事、监事；除董事长、副董事长、监事会主席、独立董事之外的已备案的董事、监事，在同一金融控股公司内由董事改任监事或者由监事改任董事。

（二）已备案的金融控股公司总经理、副总经理，在同一金融控股公司内改任除独立董事之外其他董事、监事，以及兼任除独立董事之外其他董事；除总经理、副总经理之外的已备案的金融控股公司高级管理人员，在同一金融控股公司内改任除董事长、副董事长、监事会主席、独立董事之外其他董事、监事，以及兼任除董事长、副董事长、独立董事之外的其他董事。

（三）已备案的金融控股公司高级管理人员兼任金融控股公司所控股机构董事、监事；金融控股公司董事、监事在金融控股公司所控股机构兼职的。

第十八条 金融控股公司董事长、总经理职务存在人员空缺时，金融控股公司应当按照公司章程等有关规定，确定符合任职条件的人员代为履职，并在确定之日起 5 个工作日内向中国人民银行及其分支机构书面报告。

代为履职时间不得超过 6 个月，金融控股公司应当在 6 个月内选聘符合任职条件的人员，并向中国人民银行备案。

第十九条 金融控股公司聘任或者解聘董事、监事、高级管理人员的，应当自作出决定之日起 20 个工作日内通过公司官方网站和其他媒体向社会公告有关情况。

第四章 监督管理

第二十条 中国人民银行及其分支机构通过审核备案材料、考察谈话、调查从业经历等方式对相关人员的任职条件进行核查。

材料不齐全、不符合规定形式或者存在错误的，金融控股公司应当在收到补充或者完善材料的通知之日起 10 个工作日内向中国人民银行提交符合要求的材料，同时抄送住所地中国人民银行分支机构。

未达到中国人民银行规定的任职条件的，以及隐瞒有关情况或者提供虚假材料的，中国人民银行应当要求金融控股公司进行限期调整，并自完成调整之日起3个工作日内向中国人民银行及其分支机构书面报告。

第二十一条 金融控股公司应当制定符合本规定的董事、监事、高级管理人员任职管理制度，并及时向中国人民银行及其分支机构书面报告。

中国人民银行及其分支机构对金融控股公司制定的董事、监事、高级管理人员任职管理制度进行评估和指导，并对其任职管理制度执行情况进行检查。

第二十二条 中国人民银行及其分支机构通过现场检查及非现场监管等方式对金融控股公司及其董事、监事、高级管理人员执行本规定的情况进行监督检查。

中国人民银行建立和完善金融控股公司董事、监事、高级管理人员管理信息系统。中国人民银行及其分支机构在该系统中记录关于金融控股公司董事、监事、高级管理人员的有关信息，包括但不限于下列内容：

（一）任职备案材料的基本内容及职务变更情况；

（二）受到的刑事处罚、主管部门的行政处罚、行政处分或者纪律处分；

（三）与其相关的风险提示函和监管谈话记录；

（四）被金融管理部门书面认定为不适合担任董事、监事、高级管理人员职务，或者被金融管理部门撤销、取消任职资格的情况；

（五）审计发现的重大问题。

中国人民银行向有关董事、监事、高级管理人员的任免机构或者组织告知上述相关情况。

第二十三条 出现下列情形时，金融控股公司应当自发生之日起5个工作日内向中国人民银行及其分支机构书面报告：

（一）停止担任金融控股公司董事、监事、高级管理人员职务的，其书面报告包括免职决定文件、相关会议的决议等材料；

（二）金融控股公司调整高级管理人员职责分工；

（三）董事、监事、高级管理人员在金融控股公司之外的机构兼任职务；

（四）董事、监事、高级管理人员受到刑事处罚、主管部门的行政处罚、行政处分或者纪律处分；

（五）董事、监事、高级管理人员出现不符合任职条件情形。

第二十四条 金融控股公司董事长、高级管理人员离任或者改任的，金融控股公司应当于该人员离任或者改任之日起3个月内向中国人民银行及其分支机构提交离任审计报告。

金融控股公司董事长的离任审计报告应当至少包括对下列情况及其所负领导责任和直接责任的评估结论：

（一）贯彻执行国家法律法规、各项规章制度的情况。

（二）董事会运作是否合法有效。

（三）金融控股公司的风险管理与内部控制是否有效。

（四）金融控股公司是否发生重大案件、重大损失或者重大风险。

（五）被审计对象是否涉及所在金融控股集团的重大关联交易，以及重大关联交易是否依法披露；是否存在受到刑事处罚、主管部门的行政处罚、行政处分或者纪律处分等情形。

金融控股公司高级管理人员的离任审计报告应当至少包括对下列情况及其所负领导责任和直接责任的评估结论：

（一）贯彻执行国家法律法规、各项规章制度的情况；

（二）金融控股公司或者分管部门的经营是否合法合规；

（三）金融控股公司或者分管部门的风险管理与内部控制是否有效；

（四）金融控股公司或者分管部门是否发生重大案件、重大损失或者重大风险；

（五）被审计对象是否涉及所在金融控股集团的重大关联交易，以及重大关联交易是否依法披露；是否存在受到刑事处罚、主管部门的行政处罚、行政处分或者纪律处分等情形。

金融控股公司对董事长、高级管理人员进行年度审计的，董事长、高级管理人员任期内的年度审计报告视为其离任审计报告。上述审计报告应当包含本条前款规定的离任审计报告的基本内容，否则不得作为离任审计报告使用。

第二十五条 金融控股公司出现下列情形之一的，中国人民银行应当要求其改正，并对直接负责的董事、监事、高级管理人员出具风险提示函，进行监管谈话，并要求其就相关事项作出说明：

（一）在股权投资管理、公司治理结构或者内控制度等方面存在重大隐患；

（二）董事、监事、高级管理人员不符合中国人民银行规定的任职条件，未按规定进行任职备案，未按规定履行报告义务，未按规定进行离任审计，违反规定授权其他人员实际行使董事、监事、高级管理人员相关职权，以及未按照中国人民银行的要求调整董事、监事、高级管理人员的；

（三）违反本规定的其他情形。

第二十六条 金融控股公司所控股金融机构出现重大违法违规问题或者重大风险隐患，金融监管部门可以建议中国人民银行对金融控股公司负有直接责任的董事、监事、高级管理人员进行监管谈话；认为其不适宜继续履职的，可以建议中国人民银行要求金融控股公司限期调整。

第五章 附 则

第二十七条 本规定所称近亲属包括配偶、父母、子女、兄弟姐妹、祖父母、外祖父母、孙子女、外孙子女。

第二十八条 本规定由中国人民银行负责解释。

第二十九条 本规定自2021年5月1日起施行。

住房和城乡建设部关于修改《建设工程勘察质量管理办法》的决定

(2021年4月1日住房和城乡建设部令第53号公布 自公布之日起施行 国司备字[2021004120])

住房和城乡建设部决定对《建设工程勘察质量管理办法》(建设部令第115号,根据建设部令第163号修改)作如下修改:

一、将第四条第一款中的"建设行政主管部门"修改为"住房和城乡建设主管部门"。其余条款依此修改。

二、将第五条第二款中的"严格执行国家收费标准"修改为"加强履约管理,及时足额支付勘察费用"。增加两款作为第三款和第四款:"建设单位应当依法将工程勘察文件送施工图审查机构审查。建设单位应当验收勘察报告,组织勘察技术交底和验槽。

"建设单位项目负责人应当按照有关规定履行代表建设单位进行勘察质量管理的职责。"

三、将第七条修改为:"工程勘察企业应当健全勘察质量管理体系和质量责任制度,建立勘察现场工作质量责任可追溯制度。

"工程勘察企业将勘探、试验、测试等技术服务工作交由具备相应技术条件的其他单位承担的,工程勘察企业对相关勘探、试验、测试工作成果质量全面负责。"

四、将第九条修改为:"工程勘察企业应当向设计、施工和监理等单位进行勘察技术交底,参与施工验槽,及时解决工程设计和施工中与勘察工作有关的问题,按规定参加工程竣工验收。"

五、将第十二条修改为:"工程勘察企业法定代表人应当建立健全并落实本单位质量管理制度，授权具备相应资格的人员担任项目负责人。

“工程勘察企业项目负责人应当签署质量终身责任承诺书，执行勘察纲要和工程建设强制性标准，落实本单位勘察质量管理制度，制定项目质量保证措施，组织开展工程勘察各项工作。”

六、将第十四条修改为：“工程勘察工作的原始记录应当在勘察过程中及时整理、核对，确保取样、记录的真实和准确，禁止原始记录弄虚作假。钻探、取样、原位测试、室内试验等主要过程的影像资料应当留存备查。

“司钻员、描述员、土工试验员等作业人员应当在原始记录上签字。工程勘察企业项目负责人应当对原始记录进行验收并签字。

“鼓励工程勘察企业采用信息化手段，实时采集、记录、存储工程勘察数据。”

七、将第十六条中的“观测员、试验员、记录员、机长等现场作业人员应当接受专业培训，方可上岗”修改为“司钻员、描述员、土工试验员等人员应当按照有关规定接受安全生产、职业道德、理论知识和操作技能等方面的专业培训。”

八、将第十七条修改为：“工程勘察企业应当建立工程勘察档案管理制度。工程勘察企业应当在勘察报告提交建设单位后20日内将工程勘察文件和勘探、试验、测试原始记录及成果、质量安全管理记录归档保存。归档资料应当经项目负责人签字确认，保存期限应当不少于工程的设计使用年限。

“国家鼓励工程勘察企业推进传统载体档案数字化。电子档案与传统载体档案具有同等效力。”

九、删去第十八条。

十、将第十九条改为第十八条，修改为：“县级以上人民政府住房和城乡建设主管部门或者其他有关部门（以下简称工程勘察质量监督部门）应当通过‘双随机、一公开’方式开展工程勘察质量监管，检查及处理结果及时向社会公开。

“工程勘察质量监督部门可以通过政府购买技术服务方式，聘请具有专业技术能力的单位和人员对工程勘察质量进行检查，所需费用向本级财政申请予以保障。

“工程勘察质量监督部门应当运用互联网等信息化手段开展工程勘察质量监管，提升监管的精准化、智能化水平。”

十一、将第二十三条改为第二十二条，修改为：“违反本办法规定，建设单位有下列行为之一的，由工程勘察质量监督部门责令改正，处1万元以上3万元以下的罚款：

“（一）未提供必要的现场工作条件；

“（二）未提供与工程勘察有关的原始资料或者提供的原始资料不真实、不可靠；

“（三）未组织勘察技术交底；

“（四）未组织验槽。”

十二、将第二十五条改为第二十四条，修改为：“违反本办法规定，工程勘察企业有下列行为之一的，由工程勘察质量监督部门责令改正，处1万元以上3万元以下的罚款：

“（一）使用的勘察仪器、设备不满足相关规定；

“（二）司钻员、描述员、土工试验员等关键岗位作业人员未接受专业培训；

“（三）未按规定参加建设单位组织的勘察技术交底或者验槽；

“（四）原始记录弄虚作假；

“（五）未将钻探、取样、原位测试、室内试验等主要过程的影像资料留存备查；

“（六）未按规定及时将工程勘察文件和勘探、试验、测试原始记录及成果、质量安全管理记录归档保存。”

十三、将第二十六条改为第二十五条，修改为：“违反本办法规定，工程勘察企业法定代表人有下列行为之一的，由工程勘察质量监督部门责令改正，处1万元以上3万元以下的罚款：

“(一)未建立或者落实本单位勘察质量管理制度;

“(二)授权不具备相应资格的项目负责人开展勘察工作;

“(三)未按规定在工程勘察文件上签字或者盖章。”

十四、增加一条,作为第二十六条:“违反本办法规定,工程勘察企业项目负责人有下列行为之一的,由工程勘察质量监督部门责令改正,处1万元以上3万元以下的罚款:

“(一)未执行勘察纲要和工程建设强制性标准;

“(二)未落实本单位勘察质量管理制度,未制定项目质量保证措施;

“(三)未按规定在工程勘察文件上签字;

“(四)未对原始记录进行验收并签字;

“(五)未对归档资料签字确认。”

十五、将第二十七条修改为:“依照本办法规定,给予建设单位、勘察企业罚款处罚的,由工程勘察质量监督部门对建设单位、勘察企业的法定代表人和其他直接责任人员处以企业罚款数额的5%以上10%以下的罚款。”

此外,对相关条文序号作相应调整。

本决定自公布之日起施行。《建设工程勘察质量管理办法》根据本决定作相应修改,重新公布。

建设工程勘察质量管理办法

（2002 年 12 月 4 日建设部令第 115 号发布　根据 2007 年 11 月 22 日《建设部关于修改〈建设工程勘察质量管理办法〉的决定》第一次修正　根据 2021 年 4 月 1 日《住房和城乡建设部关于修改建设工程勘察质量管理办法〉的决定》第二次修正）

第一章　总　　则

第一条　为了加强对建设工程勘察质量的管理，保证建设工程质量，根据《中华人民共和国建筑法》、《建设工程质量管理条例》、《建设工程勘察设计管理条例》等有关法律、法规，制定本办法。

第二条　凡在中华人民共和国境内从事建设工程勘察活动的，必须遵守本办法。本办法所称建设工程勘察，是指根据建设工程的要求，查明、分析、评价建设场地的地质地理环境特征和岩土工程条件，编制建设工程勘察文件的活动。

第三条　工程勘察企业应当按照有关建设工程质量的法律、法规、工程建设强制性标准和勘察合同进行勘察工作，并对勘察质量负责。

勘察文件应当符合国家规定的勘察深度要求，必须真实、准确。

第四条　国务院住房和城乡建设主管部门对全国的建设工程勘察质量实施统一监督管理。国务院铁路、交通、水利等有关部门按照国务院规定的职责分工，负责对全国的有关专业建设工程勘察质量的监督管理。

县级以上地方人民政府住房和城乡建设主管部门对本行政区

域内的建设工程勘察质量实施监督管理。县级以上地方人民政府有关部门在各自的职责范围内,负责对本行政区域内的有关专业建设工程勘察质量的监督管理。

第二章　质量责任和义务

第五条　建设单位应当为勘察工作提供必要的现场工作条件,保证合理的勘察工期,提供真实、可 * 的原始资料。

建设单位应当加强履约管理,及时足额支付勘察费用,不得迫使工程勘察企业以低于成本的价格承揽任务。

建设单位应当依法将工程勘察文件送施工图审查机构审查。建设单位应当验收勘察报告,组织勘察技术交底和验槽。

建设单位项目负责人应当按照有关规定履行代表建设单位进行勘察质量管理的职责。

第六条　工程勘察企业必须依法取得工程勘察资质证书,并在资质等级许可的范围内承揽勘察业务。工程勘察企业不得超越其资质等级许可的业务范围或者以其他勘察企业的名义承揽勘察业务;不得允许其他企业或者个人以本企业的名义承揽勘察业务;不得转包或者违法分包所承揽的勘察业务。

第七条　工程勘察企业应当健全勘察质量管理体系和质量责任制度,建立勘察现场工作质量责任可追溯制度。

工程勘察企业将勘探、试验、测试等技术服务工作交由具备相应技术条件的其他单位承担的,工程勘察企业对相关勘探、试验、测试工作成果质量全面负责。

第八条　工程勘察企业应当拒绝用户提出的违反国家有关规定的不合理要求,有权提出保证工程勘察质量所必需的现场工作条件和合理工期。

第九条　工程勘察企业应当向设计、施工和监理等单位进行勘察技术交底,参与施工验槽,及时解决工程设计和施工中与勘察工作有关的问题,按规定参加工程竣工验收。

第十条 工程勘察企业应当参与建设工程质量事故的分析,并对因勘察原因造成的质量事故,提出相应的技术处理方案。

第十一条 工程勘察项目负责人、审核人、审定人及有关技术人员应当具有相应的技术职称或者注册资格。

第十二条 工程勘察企业法定代表人应当建立健全并落实本单位质量管理制度,授权具备相应资格的人员担任项目负责人。

工程勘察企业项目负责人应当签署质量终身责任承诺书,执行勘察纲要和工程建设强制性标准,落实本单位勘察质量管理制度,制定项目质量保证措施,组织开展工程勘察各项工作。

第十三条 工程勘察企业的法定代表人、项目负责人、审核人、审定人等相关人员,应当在勘察文件上签字或者盖章,并对勘察质量负责。工程勘察企业法定代表人对本企业勘察质量全面负责;项目负责人对项目的勘察文件负主要质量责任;项目审核人、审定人对其审核、审定项目的勘察文件负审核、审定的质量责任。

第十四条 工程勘察工作的原始记录应当在勘察过程中及时整理、核对,确保取样、记录的真实和准确,禁止原始记录弄虚作假。钻探、取样、原位测试、室内试验等主要过程的影像资料应当留存备查。

司钻员、描述员、土工试验员等作业人员应当在原始记录上签字。工程勘察企业项目负责人应当对原始记录进行验收并签字。

鼓励工程勘察企业采用信息化手段,实时采集、记录、存储工程勘察数据。

第十五条 工程勘察企业应当确保仪器、设备的完好。钻探、取样的机具设备、原位测试、室内试验及测量仪器等应当符合有关规范、规程的要求。

第十六条 工程勘察企业应当加强职工技术培训和职业道德教育,提高勘察人员的质量责任意识。司钻员、描述员、土工试验员等人员应当按照有关规定接受安全生产、职业道德、理论知识和操作技能等方面的专业培训。

第十七条 工程勘察企业应当建立工程勘察档案管理制度。工程勘察企业应当在勘察报告提交建设单位后20日内将工程勘察文件和勘探、试验、测试原始记录及成果、质量安全管理记录归档保存。归档资料应当经项目负责人签字确认，保存期限应当不少于工程的设计使用年限。

国家鼓励工程勘察企业推进传统载体档案数字化。电子档案与传统载体档案具有同等效力。

第三章 监督管理

第十八条 县级以上人民政府住房和城乡建设主管部门或者其他有关部门（以下简称工程勘察质量监督部门）应当通过‘双随机、一公开’方式开展工程勘察质量监管，检查及处理结果及时向社会公开。

工程勘察质量监督部门可以通过政府购买技术服务方式，聘请具有专业技术能力的单位和人员对工程勘察质量进行检查，所需费用向本级财政申请予以保障。

工程勘察质量监督部门应当运用互联网等信息化手段开展工程勘察质量监管，提升监管的精准化、智能化水平。

第十九条 工程勘察发生重大质量、安全事故时，有关单位应当按照规定向工程勘察质量监督部门报告。

第二十条 任何单位和个人有权向工程勘察质量监督部门检举、投诉工程勘察质量、安全问题。

第四章 罚则

第二十一条 工程勘察企业违反《建设工程勘察设计管理条例》、《建设工程质量管理条例》的，由工程勘察质量监督部门按照有关规定给予处罚。

第二十二条 违反本办法规定，建设单位有下列行为之一的，由工程勘察质量监督部门责令改正，处1万元以上3万元以下的罚款：

（一）未提供必要的现场工作条件；

（二）未提供与工程勘察有关的原始资料或者提供的原始资料不真实、不可靠；

（三）未组织勘察技术交底；

（四）未组织验槽。

第二十三条 违反本办法规定，工程勘察企业未按照工程建设强制性标准进行勘察、弄虚作假、提供虚假成果资料的，由工程勘察质量监督部门责令改正，处10万元以上30万元以下的罚款；造成工程质量事故的，责令停业整顿，降低资质等级；情节严重的，吊销资质证书；造成损失的，依法承担赔偿责任。

第二十四条 违反本办法规定，工程勘察企业有下列行为之一的，由工程勘察质量监督部门责令改正，处1万元以上3万元以下的罚款：

（一）使用的勘察仪器、设备不满足相关规定；

（二）司钻员、描述员、土工试验员等关键岗位作业人员未接受专业培训；

（三）未按规定参加建设单位组织的勘察技术交底或者验槽；

（四）原始记录弄虚作假；

（五）未将钻探、取样、原位测试、室内试验等主要过程的影像资料留存备查；

（六）未按规定及时将工程勘察文件和勘探、试验、测试原始记录及成果、质量安全管理记录归档保存。

第二十五条 违反本办法规定，工程勘察企业法定代表人有下列行为之一的，由工程勘察质量监督部门责令改正，处1万元以上3万元以下的罚款：

（一）未建立或者落实本单位勘察质量管理制度；

（二）授权不具备相应资格的项目负责人开展勘察工作；

（三）未按规定在工程勘察文件上签字或者盖章。

第二十六条 违反本办法规定，工程勘察企业项目负责人有下列行为之一的，由工程勘察质量监督部门责令改正，处1万元以上3万元以下的罚款：

（一）未执行勘察纲要和工程建设强制性标准；

（二）未落实本单位勘察质量管理制度，未制定项目质量保证措施；

（三）未按规定在工程勘察文件上签字；

（四）未对原始记录进行验收并签字；

（五）未对归档资料签字确认。

第二十七条 依照本办法规定，给予建设单位、勘察企业罚款处罚的，由工程勘察质量监督部门对建设单位、勘察企业的法定代表人和其他直接责任人员处以企业罚款数额的5%以上10%以下的罚款。

第二十八条 国家机关工作人员在建设工程勘察质量监督管理工作中玩忽职守、滥用职权、徇私舞弊的，依法给予行政处分；构成犯罪的，依法追究刑事责任。

第五章 附 则

第二十九条 本办法自2003年2月1日起施行。

国家市场监督管理总局关于废止和修改部分规章的决定

（2021年4月2日国家市场监督管理总局令第38号公布　自2021年6月1日起施行　国司备字[2021004124]）

为了全面落实党的十九届三中全会审议通过的《中共中央关于深化党和国家机构改革的决定》《深化党和国家机构改革方案》和十三届全国人大一次会议批准的《国务院机构改革方案》，确保行政机关依法履行职责，进一步推进简政放权、放管结合、优化服务改革，国家市场监督管理总局决定：

一、对11件部门规章予以废止，详见附件1。

二、对5件部门规章的部分条款予以修改，详见附件2。

本决定自2021年6月1日起施行。

附件：1. 国家市场监督管理总局决定废止的部门规章

2. 国家市场监督管理总局决定修改的部门规章

附件1

国家市场监督管理总局决定废止的部门规章

一、《工商行政管理执法证管理办法》（2008年10月9日国家工商行政管理总局令第36号公布）

二、《技术监督行政执法证件和徽章管理办法》（1991年5月11日国家技术监督局令22号公布，根据2003年2月21日《国家质量监督检验检疫总局关于废止部分质量技术监督行政规章的通知》修订）

三、《质量监督检验检疫行政执法证件管理办法》（2002年11

月6日国家质量监督检验检疫总局令第30号公布,根据2008年4月29日《国家质量监督检验检疫总局关于修改〈质量监督检验检疫行政执法证件管理办法〉的决定》第一次修订,根据2016年12月6日《国家质量监督检验检疫总局关于修改〈质量监督检验检疫行政执法证件管理办法〉的决定》第二次修订)

四、《质量技术监督行政复议实施办法》(2000年4月24日国家质量技术监督局令第9号公布)

五、《外商投资合伙企业登记管理规定》(2010年1月29日国家工商行政管理总局令第47号公布,根据2014年2月20日《国家工商行政管理总局关于修改〈中华人民共和国企业法人登记管理条例施行细则〉、〈外商投资合伙企业登记管理规定〉、〈个人独资企业登记管理办法〉、〈个体工商户登记管理办法〉等规章的决定》第一次修订,根据2019年8月8日《市场监管总局关于修改〈中华人民共和国企业法人登记管理条例施行细则〉等四部规章的决定》第二次修订)

六、《化妆品卫生监督条例实施细则》(1991年3月27日卫生部令13号公布,根据2005年5月20日卫监督发〔2005〕190号修订)

七、《一次性使用无菌医疗器械监督管理办法(暂行)》(2000年10月13日国家药品监督管理局令第24号公布)

八、《药品行政保护条例实施细则》(2000年10月24日国家药品监督管理局令第25号公布)

九、《中药材生产质量管理规范(试行)》(2002年4月17日国家药品监督管理局令第32号公布)

十、《直接接触药品的包装材料和容器管理办法》(2004年7月20日国家食品药品监督管理局令第13号公布)

十一、《食品药品监督管理统计管理办法》(2014年12月19日国家食品药品监督管理总局令第10号公布)

附件 2

国家市场监督管理总局决定修改的部门规章

一、对《网络食品安全违法行为查处办法》(2016 年 7 月 13 日国家食品药品监督管理总局令第 27 号公布)作出修改

(一)将第三条中的“国家食品药品监督管理总局”修改为“国家市场监督管理总局”。

(二)将第三条、第五条、第七条、第八条、第十四条、第十五条、第十九条、第二十一条、第二十二条、第二十三条、第二十四条、第二十五条、第二十六条、第二十七条、第二十九条、第三十条、第三十一条、第三十二条、第三十三条、第三十四条、第三十五条、第三十六条、第三十七条、第三十九条、第四十条、第四十一条、第四十二条、第四十三条、第四十五条、第四十七条中的“食品药品监督管理部门”修改为“市场监督管理部门”。

二、对《房地产广告发布规定》(2015 年 12 月 24 日国家工商行政管理总局令第 80 号公布)作出修改

将第六条第二项中的“建设主管部门”修改为“房地产主管部门”;第三项中的“土地主管部门”修改为“自然资源主管部门”。

三、对《大型游乐设施安全监察规定》(2013 年 8 月 15 日国家质量监督检验检疫总局令第 154 号公布)作出修改

(一)将第三条、第四十五条中的“国家质量监督检验检疫总局”修改为“国家市场监督管理总局”。

(二)将第三条、第十五条、第十九条、第二十九条、第三十条、第三十二条、第三十五条、第三十六条、第四十四条中的“质量技术监督部门”修改为“市场监督管理部门”。

(三)将第三条中的“负责全国大型游乐设施安全监察工作”修改为“负责全国大型游乐设施安全监察工作的综合管理”。

(四)将第五条中的“并对其制造、安装、改造、修理质量负责”修改为“并对其制造、安装、改造、修理的大型游乐设施的安全性能负责”。

（五）将第十二条中的“产品质量合格证明”修改为“主要受力部件质量合格证明”；删去“型式试验合格证明”。

（六）删去第十六条中的“和安全”“具有相应特种设备作业人员资格的人数应当符合安全技术规范的要求”。

（七）将第十八条第二款修改为：“安装单位应当在验收后30日内将出厂随机文件、型式试验合格证明、安装监督检验和无损检测报告，以及经制造单位确认的安装质量证明、产品质量合格证明、调试及试运行记录、自检报告等安装技术资料移交运营使用单位存档。”

（八）删去第二十一条第二项。

（九）将第二十五条中的“公安消防”修改为“消防救援”。

（十）删去第三十二条第一款中的“故障”。

（十一）将第三十三条第二款修改为：“大型游乐设施主要受力部件超过设计使用期限要求，且检验或者安全评估后不符合安全使用条件的，应当及时进行更换。”

（十二）将第三十五条中的“设计、制造、安装、改造、修理、使用、检验、检测”修改为“生产、使用单位和检验、检测机构”。

（十三）将第三十六条第一款修改为：“特种设备检验机构在开展检验前，应当告知负责使用登记的市场监督管理部门。检验完成后，应当将监督检验、定期检验报告向负责使用登记的市场监督管理部门备案。”

（十四）删去第三十九条中的“型式试验”。

（十五）删去第四十条第（一）项；将第（四）项改为第（三）项，修改为：“未及时更换超过设计使用期限要求且检验或者安全评估后不符合安全使用条件的主要受力部件的。”

四、对《计量授权管理办法》（1989年11月6日国家技术监督局令第4号公布）作出修改

（一）删去第一条中的“第二十条”“第三十条、第三十一条”。

（二）将第四条第（四）项修改为："授权有关部门或单位的计量检定机构或技术机构，承担计量标准的技术考核，仲裁检定，计量器具新产品型式评价，标准物质定级鉴定，计量器具产品质量监督试验和对社会开展强制检定、非强制检定。"

（三）删去第六条第（一）项中的"承担计量器具新产品定型鉴定"。

将第（二）项修改为："申请承担计量器具新产品型式评价的授权，向省级以上人民政府计量行政部门提出申请。"

（四）删去第八条。

（五）将第九条第（二）项中的"新产品定型鉴定、样机试验"修改为"新产品型式评价"。

（六）将第十条修改为："申请授权的单位，其有关计量检定、测试人员，应当具有相应职业资格。"

（七）删去第十一条中的"和计量授权检定、测试专用章"。

（八）将第十二条第二款中的"没收违法所得；情节严重的，吊销计量授权证书"修改为"停止开展超出授权范围的相关检定、测试活动"。

（九）删去第十三条中的"计量认证、申请制造修理计量器具许可证的"。

（十）删去第十九条。

（十一）删去第二十二条。

（十二）删去第二十三条中的"印章"。

五、对《检验检测机构资质认定管理办法》（2015 年 4 月 9 日国家质量监督检验检疫总局令第 163 号公布）作出修改

（一）将第一条中的"加强对检验检测机构的监督管理"修改为"优化准入程序"。

（二）将第二条第二款修改为："本办法所称资质认定，是指市场监督管理部门依照法律、行政法规规定，对向社会出具具有证明作用的数据、结果的检验检测机构的基本条件和技术能力是否符合法定要求实施的评价许可。”

删去第三款。

(三)删去第三条。

(四)第四条改为第三条,修改为:“在中华人民共和国境内对检验检测机构实施资质认定,应当遵守本办法。

“法律、行政法规对检验检测机构资质认定另有规定的,依照其规定。”

(五)第五条改为第四条,修改为:“国家市场监督管理总局(以下简称市场监管总局)主管全国检验检测机构资质认定工作,并负责检验检测机构资质认定的统一管理、组织实施、综合协调工作。

“省级市场监督管理部门负责本行政区域内检验检测机构的资质认定工作。”

(六)增加一条,作为第五条:“法律、行政法规规定应当取得资质认定的事项清单,由市场监管总局制定并公布,并根据法律、行政法规的调整实行动态管理。”

(七)将第六条中的“国家认监委”修改为“市场监管总局”。

(八)将第七条修改为:“检验检测机构资质认定工作应当遵循统一规范、客观公正、科学准确、公平公开、便利高效的原则。”

(九)将第八条中的“国家认监委”修改为“市场监管总局”、“省级资质认定部门”修改为“省级市场监督管理部门”。

(十)增加一条,作为第十条:“检验检测机构资质认定程序分为一般程序和告知承诺程序。除法律、行政法规或者国务院规定必须采用一般程序或者告知承诺程序的外,检验检测机构可以自主选择资质认定程序。

“检验检测机构资质认定推行网上审批,有条件的市场监督管理部门可以颁发资质认定电子证书。”

(十一)第十条改为第十一条,将其中的“资质认定程序”修改为“资质认定一般程序”;

将第(一)项中的“国家认监委或者省级资质认定部门”修改为

“市场监管总局或者省级市场监督管理部门”；

将第(二)项中的“收到之日”改为“收到申请之日”；

将第(三)项中的“资质认定部门应当自受理之日起45个工作日内”修改为“资质认定部门自受理申请之日起,应当在30个工作日内”、“现场评审”修改为“现场评审(或者远程评审)”；

将第(四)项中的“资质认定部门应当自收到技术评审结论之日起20个工作日内”修改为“资质认定部门应当自作出技术评审结论之日起10个工作日内”、“10个工作日”修改为“7个工作日”。

(十二)增加一条,作为第十二条:“采用告知承诺程序实施资质认定的,按照市场监管总局有关规定执行。

“资质认定部门作出许可决定前,申请人有合理理由的,可以撤回告知承诺申请。告知承诺申请撤回后,申请人再次提出申请的,应当按照一般程序办理。”

(十三)第十一条改为第十三条,将第三款修改为:“资质认定部门根据检验检测机构的申请事项、信用信息、分类监管等情况,采取书面审查、现场评审(或者远程评审)的方式进行技术评审,并作出是否准予延续的决定。”

增加一款,作为第四款:“对上一许可周期内无违反市场监管法律、法规、规章行为的检验检测机构,资质认定部门可以采取书面审查方式,对于符合要求的,予以延续资质认定证书有效期。”

(十四)第十五条改为第十七条,将其中的“应当符合本办法第九条规定的条件,取得资质认定后”修改为“应当依法取得资质认定后”。

(十五)第十六条改为第二十四条,将其中的“现场技术评审”修改为“现场评审(或者远程评审)”。

(十六)第二十一条改为第二十九条,将其中的“作出告诫、暂停或者取消其从事技术评审活动的处理”修改为“对其进行约谈、暂停直至取消委托其从事技术评审活动”。

(十七)删去“第四章 检验检测机构从业规范”章节名称。

（十八）删去第二十二条、第二十三条。

（十九）第二十四条改为第十八条，增加一款，作为第二款："检验检测机构不再符合资质认定条件和要求的，不得向社会出具具有证明作用的检验检测数据和结果。"

（二十）第二十五条改为第十九条，删去第二款、第三款。

（二十一）删去第二十六条。

（二十二）第二十七条改为第二十条，将其中的"已失效、撤销、注销"修改为"已经过期或者被撤销、注销"。

（二十三）第二十八条改为第二十一条，修改为："检验检测机构向社会出具具有证明作用的检验检测数据、结果的，应当在其检验检测报告上标注资质认定标志。"

（二十四）增加一条，作为第二十三条："因应对突发事件等需要，资质认定部门可以公布符合应急工作要求的检验检测机构名录及相关信息，允许相关检验检测机构临时承担应急工作。"

（二十五）删去第二十九条、第三十条、第三十一条、第三十二条。

（二十六）将"第五章 监督管理"修改为"第四章 监督检查"。

（二十七）第三十三条改为第三十条，修改为："市场监管总局对省级市场监督管理部门实施的检验检测机构资质认定工作进行监督和指导。"

（二十八）删去第三十四条、第三十五条。

（二十九）第三十六条改为第三十二条，删去第二款。

（三十）删去第三十七条、第三十八条。

（三十一）第四十条改为第三十八条，将其中的"检验检测机构、专业技术评价机构或者资质认定部门及相关人员"修改为"资质认定部门、专业技术评价机构以及相关评审人员"。

（三十二）删去"第六章 法律责任"章节名称。

（三十三）第四十一条改为第三十四条，修改为："检验检测机构未依法取得资质认定，擅自向社会出具具有证明作用的数据、结果的,依照法律、法规的规定执行;法律、法规未作规定的,由县级以上市场监督管理部门责令限期改正,处3万元罚款。”

(三十四)第四十二条改为第三十五条,修改为:“检验检测机构有下列情形之一的,由县级以上市场监督管理部门责令限期改正;逾期未改正或者改正后仍不符合要求的,处1万元以下罚款:

“(一)未按照本办法第十四条规定办理变更手续的;

“(二)未按照本办法第二十一条规定标注资质认定标志的。”

(三十五)第四十三条改为第三十六条,第一款修改为:“检验检测机构有下列情形之一的,法律、法规对撤销、吊销、取消检验检测资质或者证书等有行政处罚规定的,依照法律、法规的规定执行;法律、法规未作规定的,由县级以上市场监督管理部门责令限期改正,处3万元罚款:

“(一)基本条件和技术能力不能持续符合资质认定条件和要求,擅自向社会出具具有证明作用的检验检测数据、结果的;

“(二)超出资质认定证书规定的检验检测能力范围,擅自向社会出具具有证明作用的数据、结果的。”

删去第二款。

(三十六)第四十四条改为第三十七条,修改为:“检验检测机构违反本办法规定,转让、出租、出借资质认定证书或者标志,伪造、变造、冒用资质认定证书或者标志,使用已经过期或者被撤销、注销的资质认定证书或者标志的,由县级以上市场监督管理部门责令改正,处3万元以下罚款。”

(三十七)第四十五条改为第三十二条,修改为:“以欺骗、贿赂等不正当手段取得资质认定的,资质认定部门应当依法撤销资质认定。

“被撤销资质认定的检验检测机构,三年内不得再次申请资质认定。”

(三十八)第四十七条改为第三十九条,删去其中的“和监督管理”。

（三十九）删去第四十八条、第四十九条。

此外，对相关规章中的章节、条文序号作相应调整。《网络食品安全违法行为查处办法》《房地产广告发布规定》《大型游乐设施安全监察规定》《计量授权管理办法》《检验检测机构资质认定管理办法》根据本决定作相应修改，重新公布。

网络食品安全违法行为查处办法

（2016年7月13日国家食品药品监督管理总局令第27号公布　根据2021年4月2日《国家市场监督管理总局关于废止和修改部分规章的决定》修正）

第一章　总　　则

第一条　为依法查处网络食品安全违法行为，加强网络食品安全监督管理，保证食品安全，根据《中华人民共和国食品安全法》等法律法规，制定本办法。

第二条　在中华人民共和国境内网络食品交易第三方平台提供者以及通过第三方平台或者自建的网站进行交易的食品生产经营者（以下简称入网食品生产经营者）违反食品安全法律、法规、规章或者食品安全标准行为的查处，适用本办法。

第三条　国家市场监督管理总局负责监督指导全国网络食品安全违法行为查处工作。

县级以上地方市场监督管理部门负责本行政区域内网络食品安全违法行为查处工作。

第四条　网络食品交易第三方平台提供者和入网食品生产经营者应当履行法律、法规和规章规定的食品安全义务。

网络食品交易第三方平台提供者和入网食品生产经营者应当对网络食品安全信息的真实性负责。

第五条 网络食品交易第三方平台提供者和入网食品生产经营者应当配合市场监督管理部门对网络食品安全违法行为的查处，按照市场监督管理部门的要求提供网络食品交易相关数据和信息。

第六条 鼓励网络食品交易第三方平台提供者和入网食品生产经营者开展食品安全法律、法规以及食品安全标准和食品安全知识的普及工作。

第七条 任何组织或者个人均可向市场监督管理部门举报网络食品安全违法行为。

第二章 网络食品安全义务

第八条 网络食品交易第三方平台提供者应当在通信主管部门批准后 30 个工作日内，向所在地省级市场监督管理部门备案，取得备案号。

通过自建网站交易的食品生产经营者应当在通信主管部门批准后 30 个工作日内，向所在地市、县级市场监督管理部门备案，取得备案号。

省级和市、县级市场监督管理部门应当自完成备案后 7 个工作日内向社会公开相关备案信息。

备案信息包括域名、IP 地址、电信业务经营许可证、企业名称、法定代表人或者负责人姓名、备案号等。

第九条 网络食品交易第三方平台提供者和通过自建网站交易的食品生产经营者应当具备数据备份、故障恢复等技术条件，保障网络食品交易数据和资料的可靠性与安全性。

第十条 网络食品交易第三方平台提供者应当建立入网食品生产经营者审查登记、食品安全自查、食品安全违法行为制止及报告、严重违法行为平台服务停止、食品安全投诉举报处理等制度，并在网络平台上公开。

第十一条 网络食品交易第三方平台提供者应当对入网食品生产经营者食品生产经营许可证、入网食品添加剂生产企业生产许可证等材料进行审查,如实记录并及时更新。

网络食品交易第三方平台提供者应当对入网食用农产品生产经营者营业执照、入网食品添加剂经营者营业执照以及入网交易食用农产品的个人的身份证号码、住址、联系方式等信息进行登记,如实记录并及时更新。

第十二条 网络食品交易第三方平台提供者应当建立入网食品生产经营者档案,记录入网食品生产经营者的基本情况、食品安全管理人员等信息。

第十三条 网络食品交易第三方平台提供者和通过自建网站交易食品的生产经营者应当记录、保存食品交易信息,保存时间不得少于产品保质期满后6个月;没有明确保质期的,保存时间不得少于2年。

第十四条 网络食品交易第三方平台提供者应当设置专门的网络食品安全管理机构或者指定专职食品安全管理人员,对平台上的食品经营行为及信息进行检查。

网络食品交易第三方平台提供者发现存在食品安全违法行为的,应当及时制止,并向所在地县级市场监督管理部门报告。

第十五条 网络食品交易第三方平台提供者发现入网食品生产经营者有下列严重违法行为之一的,应当停止向其提供网络交易平台服务:

(一)入网食品生产经营者因涉嫌食品安全犯罪被立案侦查或者提起公诉的;

(二)入网食品生产经营者因食品安全相关犯罪被人民法院判处刑罚的;

(三)入网食品生产经营者因食品安全违法行为被公安机关拘留或者给予其他治安管理处罚的;

(四)入网食品生产经营者被市场监督管理部门依法作出吊销

许可证、责令停产停业等处罚的。

第十六条 入网食品生产经营者应当依法取得许可,入网食品生产者应当按照许可的类别范围销售食品,入网食品经营者应当按照许可的经营项目范围从事食品经营。法律、法规规定不需要取得食品生产经营许可的除外。

取得食品生产许可的食品生产者,通过网络销售其生产的食品,不需要取得食品经营许可。取得食品经营许可的食品经营者通过网络销售其制作加工的食品,不需要取得食品生产许可。

第十七条 入网食品生产经营者不得从事下列行为:

(一)网上刊载的食品名称、成分或者配料表、产地、保质期、贮存条件,生产者名称、地址等信息与食品标签或者标识不一致。

(二)网上刊载的非保健食品信息明示或者暗示具有保健功能;网上刊载的保健食品的注册证书或者备案凭证等信息与注册或者备案信息不一致。

(三)网上刊载的婴幼儿配方乳粉产品信息明示或者暗示具有益智、增加抵抗力、提高免疫力、保护肠道等功能或者保健作用。

(四)对在贮存、运输、食用等方面有特殊要求的食品,未在网上刊载的食品信息中予以说明和提示。

(五)法律、法规规定禁止从事的其他行为。

第十八条 通过第三方平台进行交易的食品生产经营者应当在其经营活动主页面显著位置公示其食品生产经营许可证。通过自建网站交易的食品生产经营者应当在其网站首页显著位置公示营业执照、食品生产经营许可证。

餐饮服务提供者还应当同时公示其餐饮服务食品安全监督量化分级管理信息。相关信息应当画面清晰,容易辨识。

第十九条 入网销售保健食品、特殊医学用途配方食品、婴幼儿配方乳粉的食品生产经营者,除依照本办法第十八条的规定公示相关信息外,还应当依法公示产品注册证书或者备案凭证,持有广告审查批准文号的还应当公示广告审查批准文号,并链接至市场监督管理部门网站对应的数据查询页面。保健食品还应当显著标明“本品不能代替药物”。

特殊医学用途配方食品中特定全营养配方食品不得进行网络交易。

第二十条 网络交易的食品有保鲜、保温、冷藏或者冷冻等特殊贮存条件要求的，入网食品生产经营者应当采取能够保证食品安全的贮存、运输措施，或者委托具备相应贮存、运输能力的企业贮存、配送。

第三章 网络食品安全违法行为查处管理

第二十一条 对网络食品交易第三方平台提供者食品安全违法行为的查处，由网络食品交易第三方平台提供者所在地县级以上地方市场监督管理部门管辖。

对网络食品交易第三方平台提供者分支机构的食品安全违法行为的查处，由网络食品交易第三方平台提供者所在地或者分支机构所在地县级以上地方市场监督管理部门管辖。

对入网食品生产经营者食品安全违法行为的查处，由入网食品生产经营者所在地或者生产经营场所所在地县级以上地方市场监督管理部门管辖；对应当取得食品生产经营许可而没有取得许可的违法行为的查处，由入网食品生产经营者所在地、实际生产经营地县级以上地方市场监督管理部门管辖。

因网络食品交易引发食品安全事故或者其他严重危害后果的，也可以由网络食品安全违法行为发生地或者违法行为结果地的县级以上地方市场监督管理部门管辖。

第二十二条 两个以上市场监督管理部门都有管辖权的网络食品安全违法案件，由最先立案查处的市场监督管理部门管辖。对管辖有争议的，由双方协商解决。协商不成的，报请共同的上一级市场监督管理部门指定管辖。

第二十三条 消费者因网络食品安全违法问题进行投诉举报的,由网络食品交易第三方平台提供者所在地、入网食品生产经营者所在地或者生产经营场所所在地等县级以上地方市场监督管理部门处理。

第二十四条 县级以上地方市场监督管理部门,对网络食品安全违法行为进行调查处理时,可以行使下列职权:

(一)进入当事人网络食品交易场所实施现场检查;

(二)对网络交易的食品进行抽样检验;

(三)询问有关当事人,调查其从事网络食品交易行为的相关情况;

(四)查阅、复制当事人的交易数据、合同、票据、账簿以及其他相关资料;

(五)调取网络交易的技术监测、记录资料;

(六)法律、法规规定可以采取的其他措施。

第二十五条 县级以上市场监督管理部门通过网络购买样品进行检验的,应当按照相关规定填写抽样单,记录抽检样品的名称、类别以及数量,购买样品的人员以及付款账户、注册账号、收货地址、联系方式,并留存相关票据。买样人员应当对网络购买样品包装等进行查验,对样品和备份样品分别封样,并采取拍照或者录像等手段记录拆封过程。

第二十六条 检验结果不符合食品安全标准的,市场监督管理部门应当按照有关规定及时将检验结果通知被抽样的入网食品生产经营者。入网食品生产经营者应当采取停止生产经营、封存不合格食品等措施,控制食品安全风险。

通过网络食品交易第三方平台购买样品的,应当同时将检验结果通知网络食品交易第三方平台提供者。网络食品交易第三方平台提供者应当依法制止不合格食品的销售。

入网食品生产经营者联系方式不详的,网络食品交易第三方平台提供者应当协助通知。入网食品生产经营者无法联系的,网络食品交易第三方平台提供者应当停止向其提供网络食品交易平台服务。

第二十七条 网络食品交易第三方平台提供者和入网食品生产经营者有下列情形之一的，县级以上市场监督管理部门可以对其法定代表人或者主要负责人进行责任约谈：

（一）发生食品安全问题，可能引发食品安全风险蔓延的；

（二）未及时妥善处理投诉举报的食品安全问题，可能存在食品安全隐患的；

（三）未及时采取有效措施排查、消除食品安全隐患，落实食品安全责任的；

（四）县级以上市场监督管理部门认为需要进行责任约谈的其他情形。

责任约谈不影响市场监督管理部门依法对其进行行政处理，责任约谈情况及后续处理情况应当向社会公开。

被约谈者无正当理由未按照要求落实整改的，县级以上地方市场监督管理部门应当增加监督检查频次。

第四章 法律责任

第二十八条 食品安全法等法律法规对网络食品安全违法行为已有规定的，从其规定。

第二十九条 违反本办法第八条规定，网络食品交易第三方平台提供者和通过自建网站交易的食品生产经营者未履行相应备案义务的，由县级以上地方市场监督管理部门责令改正，给予警告；拒不改正的，处5000元以上3万元以下罚款。

第三十条 违反本办法第九条规定，网络食品交易第三方平台提供者和通过自建网站交易的食品生产经营者不具备数据备份、故障恢复等技术条件，不能保障网络食品交易数据和资料的可靠性与安全性的，由县级以上地方市场监督管理部门责令改正，给予警告;拒不改正的,处 3 万元罚款。

第三十一条 违反本办法第十条规定,网络食品交易第三方平台提供者未按要求建立入网食品生产经营者审查登记、食品安全自查、食品安全违法行为制止及报告、严重违法行为平台服务停止、食品安全投诉举报处理等制度的或者未公开以上制度的,由县级以上地方市场监督管理部门责令改正,给予警告;拒不改正的,处 5000 元以上 3 万元以下罚款。

第三十二条 违反本办法第十一条规定,网络食品交易第三方平台提供者未对入网食品生产经营者的相关材料及信息进行审查登记、如实记录并更新的,由县级以上地方市场监督管理部门依照食品安全法第一百三十一条的规定处罚。

第三十三条 违反本办法第十二条规定,网络食品交易第三方平台提供者未建立入网食品生产经营者档案、记录入网食品生产经营者相关信息的,由县级以上地方市场监督管理部门责令改正,给予警告;拒不改正的,处 5000 元以上 3 万元以下罚款。

第三十四条 违反本办法第十三条规定,网络食品交易第三方平台提供者未按要求记录、保存食品交易信息的,由县级以上地方市场监督管理部门责令改正,给予警告;拒不改正的,处 5000 元以上 3 万元以下罚款。

第三十五条 违反本办法第十四条规定,网络食品交易第三方平台提供者未设置专门的网络食品安全管理机构或者指定专职食品安全管理人员对平台上的食品安全经营行为及信息进行检查的,由县级以上地方市场监督管理部门责令改正,给予警告;拒不改正的,处 5000 元以上 3 万元以下罚款。

第三十六条 违反本办法第十五条规定,网络食品交易第三方平台提供者发现入网食品生产经营者有严重违法行为未停止提供网络交易平台服务的,由县级以上地方市场监督管理部门依照食品安全法第一百三十一条的规定处罚。

第三十七条 网络食品交易第三方平台提供者未履行相关义

务，导致发生下列严重后果之一的，由县级以上地方市场监督管理部门依照食品安全法第一百三十一条的规定责令停业，并将相关情况移送通信主管部门处理：

（一）致人死亡或者造成严重人身伤害的；

（二）发生较大级别以上食品安全事故的；

（三）发生较为严重的食源性疾病的；

（四）侵犯消费者合法权益，造成严重不良社会影响的；

（五）引发其他的严重后果的。

第三十八条 违反本办法第十六条规定，入网食品生产经营者未依法取得食品生产经营许可的，或者入网食品生产者超过许可的类别范围销售食品、入网食品经营者超过许可的经营项目范围从事食品经营的，依照食品安全法第一百二十二条的规定处罚。

第三十九条 入网食品生产经营者违反本办法第十七条禁止性规定的，由县级以上地方市场监督管理部门责令改正，给予警告；拒不改正的，处5000元以上3万元以下罚款。

第四十条 违反本办法第十八条规定，入网食品生产经营者未按要求进行信息公示的，由县级以上地方市场监督管理部门责令改正，给予警告；拒不改正的，处5000元以上3万元以下罚款。

第四十一条 违反本办法第十九条第一款规定，食品生产经营者未按要求公示特殊食品相关信息的，由县级以上地方市场监督管理部门责令改正，给予警告；拒不改正的，处5000元以上3万元以下罚款。

违反本办法第十九条第二款规定，食品生产经营者通过网络销售特定全营养配方食品的，由县级以上地方市场监督管理部门处3万元罚款。

第四十二条 违反本办法第二十条规定，入网食品生产经营者未按要求采取保证食品安全的贮存、运输措施，或者委托不具备相应贮存、运输能力的企业从事贮存、配送的，由县级以上地方市场监督管理部门依照食品安全法第一百三十二条的规定处罚。

第四十三条 违反本办法规定，网络食品交易第三方平台提供者、入网食品生产经营者提供虚假信息的，由县级以上地方市场监督管理部门责令改正，处1万元以上3万元以下罚款。

第四十四条 网络食品交易第三方平台提供者、入网食品生产经营者违反食品安全法规定，构成犯罪的，依法追究刑事责任。

第四十五条 市场监督管理部门工作人员不履行职责或者滥用职权、玩忽职守、徇私舞弊的，依法追究行政责任；构成犯罪的，移送司法机关，依法追究刑事责任。

第五章 附 则

第四十六条 对食品生产加工小作坊、食品摊贩等的网络食品安全违法行为的查处，可以参照本办法执行。

第四十七条 市场监督管理部门依法对网络食品安全违法行为进行查处的，应当自行政处罚决定书作出之日起20个工作日内，公开行政处罚决定书。

第四十八条 本办法自2016年10月1日起施行。

房地产广告发布规定

（2015年12月24日国家工商行政管理总局令第80号公布 根据2021年4月2日《国家市场监督管理总局关于废止和修改部分规章的决定》修正）

第一条 发布房地产广告，应当遵守《中华人民共和国广告法》（以下简称《广告法》）、《中华人民共和国城市房地产管理法》、《中华人民共和国土地管理法》及国家有关规定。

第二条 本规定所称房地产广告，指房地产开发企业、房地产权利人、房地产中介服务机构发布的房地产项目预售、预租、出售、出租、项目转让以及其他房地产项目介绍的广告。

居民私人及非经营性售房、租房、换房广告，不适用本规定。

第三条 房地产广告必须真实、合法、科学、准确，不得欺骗、误导消费者。

第四条 房地产广告，房源信息应当真实，面积应当表明为建筑面积或者套内建筑面积，并不得含有下列内容：

（一）升值或者投资回报的承诺；

（二）以项目到达某一具体参照物的所需时间表示项目位置；

（三）违反国家有关价格管理的规定；

（四）对规划或者建设中的交通、商业、文化教育设施以及其他市政条件作误导宣传。

第五条 凡下列情况的房地产，不得发布广告：

（一）在未经依法取得国有土地使用权的土地上开发建设的；

（二）在未经国家征用的集体所有的土地上建设的；

（三）司法机关和行政机关依法裁定、决定查封或者以其他形式限制房地产权利的；

（四）预售房地产，但未取得该项目预售许可证的；

（五）权属有争议的；

（六）违反国家有关规定建设的；

（七）不符合工程质量标准，经验收不合格的；

（八）法律、行政法规规定禁止的其他情形。

第六条 发布房地产广告，应当具有或者提供下列相应真实、合法、有效的证明文件：

（一）房地产开发企业、房地产权利人、房地产中介服务机构的营业执照或者其他主体资格证明；

（二）房地产主管部门颁发的房地产开发企业资质证书；

（三）自然资源主管部门颁发的项目土地使用权证明；

（四）工程竣工验收合格证明；

（五）发布房地产项目预售、出售广告，应当具有地方政府建设主管部门颁发的预售、销售许可证证明；出租、项目转让广告，应当具有相应的产权证明；

（六）中介机构发布所代理的房地产项目广告，应当提供业主委托证明；

（七）确认广告内容真实性的其他证明文件。

第七条 房地产预售、销售广告，必须载明以下事项：

（一）开发企业名称；

（二）中介服务机构代理销售的，载明该机构名称；

（三）预售或者销售许可证书号。

广告中仅介绍房地产项目名称的，可以不必载明上述事项。

第八条 房地产广告不得含有风水、占卜等封建迷信内容，对项目情况进行的说明、渲染，不得有悖社会良好风尚。

第九条 房地产广告中涉及所有权或者使用权的，所有或者使用的基本单位应当是有实际意义的完整的生产、生活空间。

第十条 房地产广告中对价格有表示的，应当清楚表示为实际的销售价格，明示价格的有效期限。

第十一条 房地产广告中的项目位置示意图，应当准确、清楚，比例恰当。

第十二条 房地产广告中涉及的交通、商业、文化教育设施及其他市政条件等，如在规划或者建设中，应当在广告中注明。

第十三条 房地产广告涉及内部结构、装修装饰的，应当真实、准确。

第十四条 房地产广告中不得利用其他项目的形象、环境作为本项目的效果。

第十五条 房地产广告中使用建筑设计效果图或者模型照片的，应当在广告中注明。

第十六条 房地产广告中不得出现融资或者变相融资的内容。

第十七条 房地产广告中涉及贷款服务的，应当载明提供贷款的银行名称及贷款额度、年期。

第十八条 房地产广告中不得含有广告主能够为入住者办理户口、就业、升学等事项的承诺。

第十九条 房地产广告中涉及物业管理内容的,应当符合国家有关规定;涉及尚未实现的物业管理内容,应当在广告中注明。

第二十条 房地产广告中涉及房地产价格评估的,应当表明评估单位、估价师和评估时间;使用其他数据、统计资料、文摘、引用语的,应当真实、准确,表明出处。

第二十一条 违反本规定发布广告,《广告法》及其他法律法规有规定的,依照有关法律法规规定予以处罚。法律法规没有规定的,对负有责任的广告主、广告经营者、广告发布者,处以违法所得三倍以下但不超过三万元的罚款;没有违法所得的,处以一万元以下的罚款。

第二十二条 本规定自 2016 年 2 月 1 日起施行。1998 年 12 月 3 日国家工商行政管理局令第 86 号公布的《房地产广告发布暂行规定》同时废止。

大型游乐设施安全监察规定

（2013 年 8 月 15 日国家质量监督检验检疫总局令第 154 号公布　根据 2021 年 4 月 2 日《国家市场监督管理总局关于废止和修改部分规章的决定》修正）

第一章　总　　则

第一条 为了加强大型游乐设施安全监察工作,防止和减少事故,保障人身和财产安全,根据《中华人民共和国特种设备安全法》、《特种设备安全监察条例》,制定本规定。

第二条 大型游乐设施的设计、制造、安装、改造、修理、使用、检验、检测及其监督检查，应当遵守本规定。

第三条 国家市场监督管理总局负责全国大型游乐设施安全监察工作的综合管理，县级以上地方市场监督管理部门负责本行政区域内大型游乐设施安全监察工作。

第四条 从事大型游乐设施设计文件鉴定、型式试验、监督检验、定期检验的特种设备检验机构，应当依法经核准，方可从事相应的活动，并对其鉴定结论、检验结果负责。

第五条 大型游乐设施制造、安装、改造、修理单位应当依法取得许可后方可从事相应的活动，并对其制造、安装、改造、修理的大型游乐设施的安全性能负责。

大型游乐设施运营使用单位对使用的大型游乐设施安全负责。

第六条 鼓励推行大型游乐设施相关责任保险制度，提高事故应急处置和赔付能力。

第二章　大型游乐设施设计、制造、安装

第七条 制造单位应当对大型游乐设施的设计进行安全评价，提出安全风险防控措施。

对首次使用的新技术，制造单位应当验证其安全性能。

第八条 制造单位应当明示大型游乐设施整机、主要受力部件的设计使用期限。

对在整机设计使用期限内需要检验、检测或更换的部件，应当设计为可拆卸结构；对不能设计为可拆卸结构的部件，其设计使用期限不得低于整机设计使用期限。

第九条 大型游乐设施设计完成后，制造单位应当依法向特种设备检验机构申请设计文件鉴定。

特种设备检验机构应当按照安全技术规范的要求进行设计文件鉴定。

第十条 制造单位应当按照设计文件、标准、安全技术规范等要求进行制造。

制造单位委托加工零部件或者外购零部件的，应当按照其质量体系的要求，加强质量控制并依法承担责任。

第十一条 按照安全技术规范的要求，应当进行型式试验的大型游乐设施或者试制大型游乐设施新产品，制造单位应当依法向特种设备检验机构申请进行型式试验。

在申请型式试验之前，制造单位应当对试制的大型游乐设施新产品制定试验方案，进行安全性能试验和测试。

第十二条 大型游乐设施出厂时，应当附有主要受力部件质量合格证明、设计文件鉴定报告、安装及使用维护说明书等文件。移动式大型游乐设施还应当附有拆装说明书。

第十三条 大型游乐设施使用维护说明书应当明确规定使用条件、技术参数、操作规程、乘客须知、试运行检查项目、人员要求、设备日常检查和定期检查项目、维护保养项目和要求、常见故障及排除方法、事故应急处置方案、整机和主要受力部件设计使用期限、主要受力部件检测和易损件更换的周期和方法等。

第十四条 安装单位在安装施工前，应当确认场地、设备基础、预埋件等土建工程符合土建工程质量监督管理要求。

第十五条 安装单位应当在施工前将拟进行的大型游乐设施安装情况书面告知直辖市或者设区的市的市场监督管理部门，告知后即可施工。

移动式大型游乐设施重新安装的，安装单位应当在施工前按照规定告知直辖市或者设区的市的市场监督管理部门。

第十六条 安装单位应当落实质量管理体系和管理制度，严格按照设计文件、标准、安全技术规范、施工方案等进行作业，加强现场施工质量管理。

大型游乐设施安装施工现场的作业人员应当满足施工要求。

第十七条 大型游乐设施的安装过程应当按照安全技术规范

规定的范围、项目和要求,由特种设备检验机构在企业自检的基础上进行安装监督检验;未经安装监督检验合格的不得交付使用;运营使用单位不得擅自使用未经安装监督检验合格的大型游乐设施。

第十八条 大型游乐设施安装竣工后,安装单位应当在大型游乐设施明显部位装设符合安全技术规范要求的铭牌。

安装单位应当在验收后30日内将出厂随机文件、型式试验合格证明、安装监督检验和无损检测报告,以及经制造单位确认的安装质量证明、产品质量合格证明、调试及试运行记录、自检报告等安装技术资料移交运营使用单位存档。

第三章 大型游乐设施使用

第十九条 大型游乐设施在投入使用前或者投入使用后30日内,运营使用单位应当向直辖市或者设区的市的市场监督管理部门登记。

移动式大型游乐设施在每次重新安装投入使用前或者投入使用后30日内,运营使用单位应当向直辖市或者设区的市的市场监督管理部门登记;移动式大型游乐设施拆卸后,应当在原使用登记部门办理注销手续。

运营使用单位应当将登记标志置于大型游乐设施进出口处等显著位置。

第二十条 运营使用单位应当在大型游乐设施安装监督检验完成后1年内,向特种设备检验机构提出首次定期检验申请;在大型游乐设施定期检验周期届满1个月前,运营使用单位应当向特种设备检验机构提出定期检验要求。

特种设备检验机构应当按照安全技术规范的要求进行定期检验。

第二十一条 运营使用单位应当建立健全安全管理制度。安全管理制度应当包括以下主要内容：

（一）技术档案管理制度；

（二）安全操作规程；

（三）日常安全检查制度；

（四）维护保养制度；

（五）定期报检制度；

（六）作业和服务人员守则；

（七）作业人员及相关运营服务人员安全培训考核制度；

（八）应急救援演练制度；

（九）意外事件和事故处理制度；

（十）其他。

第二十二条 运营使用单位应当对每台（套）大型游乐设施建立技术档案，依法管理和保存。技术档案应当包括以下主要内容：

（一）安装技术资料；

（二）监督检验报告；

（三）使用登记表；

（四）改造、修理技术文件；

（五）年度自行检查的记录；

（六）定期检验报告；

（七）应急救援演练记录；

（八）运行、维护保养、设备故障与事故处理记录；

（九）作业人员培训、考核和证书管理记录；

（十）法律法规规定的其他内容。

第二十三条 运营使用单位应当按照安全技术规范和使用维护说明书的要求，开展设备运营前试运行检查、日常检查和维护保养、定期安全检查并如实记录。对日常维护保养和试运行检查等自行检查中发现的异常情况，应当及时处理。在国家法定节假日或举行大型群众性活动前，运营使用单位应当对大型游乐设施进行全面检查维护，并加强日常检查和安全值班。

运营使用单位进行本单位设备的维护保养工作，应当按照安全技术规范要求配备具有相应资格的作业人员、必备工具和设备。

第二十四条 运营使用单位应当在大型游乐设施的入口处等显著位置张贴乘客须知、安全注意事项和警示标志，注明设备的运动特点、乘客范围、禁忌事宜等。

第二十五条 运营使用单位应当制定应急预案，建立应急救援指挥机构，配备相应的救援人员、营救设备和急救物品。对每台（套）大型游乐设施还应当制定专门的应急预案。

运营使用单位应当加强营救设备、急救物品的存放和管理，对救援人员定期进行专业培训，每年至少对每台（套）大型游乐设施组织1次应急救援演练。

运营使用单位可以根据当地实际情况，与其他运营使用单位或消防救援等专业应急救援力量建立应急联动机制，制定联合应急预案，并定期进行联合演练。

第二十六条 运营使用单位法定代表人或负责人对大型游乐设施的安全使用管理负责。

第二十七条 运营使用单位应当设置专门的安全管理机构并配备安全管理人员，或者配备专职的安全管理人员，并保证设备运营期间，至少有1名安全管理人员在岗。

运营使用单位、安全管理机构和安全管理人员，应当履行以下职责：

（一）负责检查本单位各项安全管理制度的落实情况；

（二）负责制定并落实设备维护保养及安全检查计划；

（三）负责设备使用状况日常检查，排查事故隐患，发现问题应当停止使用设备，并及时报告本单位有关负责人；

（四）负责组织设备自检，申报使用登记和定期检验；

（五）负责组织应急救援演习；

（六）负责组织本单位人员的安全教育和培训；

（七）负责技术档案的管理。

第二十八条 运营使用单位应当按照安全技术规范和使用维护说明书要求,配备满足安全运营要求的持证操作人员,并加强对服务人员岗前培训教育,使其掌握基本的应急技能,协助操作人员进行应急处置。

操作人员应当履行以下职责:

(一)严格执行操作规程和操作人员守则;

(二)每次运行前应当向乘客告知安全注意事项,对保护乘客的安全装置进行检查确认;

(三)运行时应当密切注意乘客动态及设备运行状态,发现不正常情况,应当立即采取有效措施,消除安全隐患;

(四)熟悉应急救援流程。发生故障或突发事件,应当立即停止运行或采取紧急措施保护乘客,并立即向现场安全管理人员报告;

(五)如实记录设备的运行情况。

第二十九条 大型游乐设施进行改造的,改造单位应当重新设计,按照本规定进行设计文件鉴定、型式试验和监督检验,并对改造后的设备质量和安全性能负责。

大型游乐设施改造单位应当在施工前将拟进行的大型游乐设施改造情况书面告知直辖市或者设区的市的市场监督管理部门,告知后即可施工。

大型游乐设施改造竣工后,施工单位应当装设符合安全技术规范要求的铭牌,并在验收后30日内将符合第十八条要求的技术资料移交运营使用单位存档。

第三十条 大型游乐设施的修理、重大修理应当按照安全技术规范和使用维护说明书要求进行。大型游乐设施修理单位应当在施工前将拟进行的大型游乐设施修理情况书面告知直辖市或者设区的市的市场监督管理部门,告知后即可施工。

重大修理过程,必须经特种设备检验机构按照安全技术规范的要求进行重大修理监督检验;未经重大修理监督检验合格的不得交付使用;运营使用单位不得擅自使用未经重大修理监督检验合格的大型游乐设施。

大型游乐设施修理竣工后,施工单位应将有关大型游乐设施的自检报告等修理相关资料移交运营使用单位存档;大型游乐设施重大修理竣工后,施工单位应将有关大型游乐设施的自检报告、监督检验报告和无损检测报告等移交运营使用单位存档。

第三十一条 大型游乐设施改造、重大修理施工现场作业人员应当满足施工要求,具有相应特种设备作业人员资格的人数应当符合安全技术规范的要求。

第三十二条 大型游乐设施发生事故的,运营使用单位应当立即停止使用,并按照有关规定及时向县级以上地方市场监督管理部门报告。

对因设计、制造、安装原因引发故障、事故,存在质量安全问题隐患的,制造、安装单位应当对同类型设备进行排查,消除隐患。

第三十三条 对超过整机设计使用期限仍有修理、改造价值可以继续使用的大型游乐设施,运营使用单位应当按照安全技术规范的要求通过检验或者安全评估,并办理使用登记证书变更。运营使用单位应当加强对允许继续使用的大型游乐设施的使用管理,采取加强检验、检测和维护保养等措施,加大全面自检频次,确保使用安全。

大型游乐设施主要受力部件超过设计使用期限要求,且检验或者安全评估后不符合安全使用条件的,应当及时进行更换。

第三十四条 运营使用单位租借场地开展大型游乐设施经营的,应当与场地提供单位签订安全管理协议,落实安全管理制度。

场地提供单位应当核实大型游乐设施运营使用单位满足相关法律法规以及本规定要求的运营使用条件。

第四章 监督检查

第三十五条 市场监督管理部门依照《中华人民共和国特种

设备安全法》、《特种设备安全监察条例》和本规定等有关要求,对大型游乐设施的生产、使用单位和检验、检测机构实施监督检查。

第三十六条 特种设备检验机构在开展检验前,应当告知负责使用登记的市场监督管理部门。检验完成后,应当将监督检验、定期检验报告向负责使用登记的市场监督管理部门备案。

检验人员应当按照安全技术规范要求向受检单位出具书面检验意见并报送负责使用登记的市场监督管理部门,对于现场不具备检验条件的,应当以书面形式向报检单位出具相关情况说明。

第三十七条 大型游乐设施事故的调查处理,按照法律法规的规定执行。

第五章 法律责任

第三十八条 大型游乐设施制造、安装单位违反本规定,有下列情形之一的,予以警告,处1万元以上3万元以下罚款:

(一)未对设计进行安全评价,提出安全风险防控措施的;

(二)未对设计中首次使用的新技术进行安全性能验证的;

(三)未明确整机、主要受力部件的设计使用期限的;

(四)未在大型游乐设施明显部位装设符合有关安全技术规范要求的铭牌的;

(五)使用维护说明书等出厂文件内容不符合本规定要求的;

(六)对因设计、制造、安装原因,存在质量安全问题隐患的,未按照本规定要求进行排查处理的。

第三十九条 大型游乐设施改造单位违反本规定,未进行设计文件鉴定的,予以警告,处1万元以上3万元以下罚款。

第四十条 大型游乐设施运营使用单位违反本规定,有下列情形之一的,予以警告,处1万元以上3万元以下罚款:

(一)设备运营期间,无安全管理人员在岗的;

(二)配备的持证操作人员未能满足安全运营要求的;

（三）未及时更换超过设计使用期限要求且检验或者安全评估后不符合安全使用条件的主要受力部件的；

（四）租借场地开展大型游乐设施经营的，未与场地提供单位签订安全管理协议，落实安全管理制度的；

（五）未按照安全技术规范和使用维护说明书等要求进行重大修理的。

第四十一条　违反本规定安装、改造和重大修理施工现场的作业人员数量不能满足施工要求或具有相应特种设备作业人员资格的人数不符合安全技术规范要求的，予以警告，处 5 千元以上 1 万元以下罚款。

第四十二条　违反本规定要求，构成《中华人民共和国特种设备安全法》、《特种设备安全监察条例》等规定的违法行为的，按照其规定实施处罚。

第六章　附　　则

第四十三条　本规定所称大型游乐设施，是指《特种设备安全监察条例》规定的用于经营目的，承载乘客游乐的设施，其范围规定为设计最大运行线速度大于或者等于 2m/s，或者运行高度距地面高于或者等于 2m 的载人大型游乐设施。

移动式大型游乐设施，是指无专用土建基础，方便拆装、移动和运输的大型游乐设施。

第四十四条　本规定下列用语的含义是：

运营使用单位，是指从事大型游乐设施日常经营管理的，向市场监督管理部门办理使用登记的企业、个体工商户。

改造，是指通过改变主要受力部件、主要材料、设备运动形式、重要几何尺寸或主要控制系统等，致使大型游乐设施的主体结构、性能参数发生变化的活动。

维护保养，是指通过设备部件拆解，进行检查、系统调试、更换易损件，但不改变大型游乐设施的主体结构、性能参数的活动，以及日常检查工作中紧固连接件、设备除尘、设备润滑等活动。

修理，是指通过设备部件拆解，进行更换或维修主要受力部件，但不改变大型游乐设施的主体结构、性能参数的活动。

重大修理，是指通过设备整体拆解，进行检查、更换或维修主要受力部件、主要控制系统或安全装置功能，但不改变大型游乐设施的主体结构、性能参数的活动。

第四十五条 本规定由国家市场监督管理总局负责解释。

第四十六条 本规定自2014年1月1日起施行。原国家质量技术监督局2000年6月29日发布的《特种设备质量监督与安全监察规定》中关于大型游乐设施的规定与本规定不一致的，以本规定为准。

计量授权管理办法

（1989年11月6日国家技术监督局令第4号公布
根据2021年4月2日《国家市场监督管理总局关于废止和修改部分规章的决定》修正）

第一条 根据《中华人民共和国计量法》和《中华人民共和国计量法实施细则》的规定，制定本办法。

第二条 计量授权是指县级以上人民政府计量行政部门，依法授权予其他部门或单位的计量检定机构或技术机构，执行计量法规定的强制检定和其他检定、测试任务。

凡申请计量授权，承担计量授权任务及办理、管理计量授权，均须遵守本办法。

第三条 县级以上人民政府计量行政部门，应根据本行政区实施计量法的需要，充分发挥社会技术力量的作用，按照统筹规划、经济合理、就地就近、方便生产、利于管理的原则，实行计量授权。

第四条 计量授权包括以下形式：

（一）授权有关部门或单位的专业性或区域性计量检定机构，作为法定计量检定机构；

（二）授权有关部门或单位建立计量基准、社会公用计量标准；

（三）授权有关部门或单位的计量检定机构，对其内部使用的强制检定计量器具执行强制检定；

（四）授权有关部门或单位的计量检定机构或技术机构，承担计量标准的技术考核，仲裁检定，计量器具新产品型式评价，标准物质定级鉴定，计量器具产品质量监督试验和对社会开展强制检定、非强制检定。

第五条 申请授权必须具备的条件：

（一）计量标准、检测装置和配套设施必须与申请授权项目相适应，满足授权任务的要求；

（二）工作环境能适应授权任务的需要，保证有关计量检定、测试工作的正常进行；

（三）检定、测试人员必须适应授权任务的需要，掌握有关专业知识和计量检定、测试技术，并经考核合格；

（四）具有保证计量检定、测试结果公正、准确的有关工作制度和管理制度。

第六条 申请授权应按以下规定向有关人民政府计量行政部门提出申请。

（一）申请建立计量基准，向国务院计量行政部门提出申请；

（二）申请承担计量器具新产品型式评价的授权，向省级以上人民政府计量行政部门提出申请；

（三）申请对本部门内部使用的强制检定计量器具执行强制检定的授权，向同级人民政府计量行政部门提出申请；

（四）申请对本单位内部使用的强制检定的工作计量器具执行强制检定的授权，向当地县（市）级人民政府计量行政部门提出申请；

（五）申请作为法定计量检定机构、建立社会公用计量标准、承担计量器具产品质量监督试验和对社会开展强制检定、非强制检定的授权，应根据申请承担授权任务的区域，向相应的人民政府计量行政部门提出申请。

第七条 申请授权应递交计量授权申请书，并同时报送有关技术文件和资料。

第八条 计量授权申请被接受后，有关人民政府计量行政部门应按照以下规定和本办法第五条规定的条件进行考核。

（一）申请作为法定计量检定机构、建立本地区最高社会公用计量标准的，由受理申请的人民政府计量行政部门报请上一级人民政府计量行政部门主持考核；

（二）申请建立计量基准、非本地区最高社会公用计量标准，对内部使用的强制检定计量器具执行强制检定，承担计量器具产品质量监督试验，新产品型式评价和对社会开展强制检定、非强制检定的，由受理申请的人民政府计量行政部门主持考核。

第九条 申请授权的单位，其有关计量检定、测试人员，应当具有相应职业资格。

第十条 对考核合格的单位，由受理申请的人民政府计量行政部门批准，颁发相应的计量授权证书，并公布被授权单位的机构名称和所承担授权的业务范围。

第十一条 被授权单位必须按照授权范围开展工作，需新增计量授权项目，应按照本办法的有关规定，申请新增项目的授权。

违反上款规定的，责令其改正，停止开展超出授权范围的相关检定、测试活动。

第十二条 计量标准技术考核，标准物质定级鉴定和仲裁检定的授权，由有关人民政府计量行政部门根据相应管理办法的规定，采取指定的形式办理。

第十三条 被授权单位必须认真贯彻执行计量法律、法规。

第十四条 被授权单位的相应计量标准,必须接受计量基准或者社会公用计量标准的检定;开展授权的计量检定、测试工作,必须接受授权单位的监督。

第十五条 当被授权单位成为计量纠纷中当事人一方时,在双方协商不能自行解决的情况下,由县级以上有关人民政府计量行政部门进行调解或仲裁检定。

第十六条 计量授权证书应由授权单位规定有效期,最长不得超过5年。被授权单位可在有效期满前6个月提出继续承担授权任务的申请;授权单位根据需要和被授权单位的申请在有效期满前进行复查,经复查合格的,延长有效期。

第十七条 被授权单位要终止所承担的授权工作,应提前6个月向授权单位提出书面报告,未经批准不得擅自终止工作。

违反上款规定,给有关单位造成损失的,责令其赔偿损失。

第十八条 凡政府计量行政部门所属的法定计量检定机构,在本行政区内不能开展的计量检定项目,需要办理授权的,应报请上一级人民政府计量行政部门统筹安排。

第十九条 上级人民政府计量行政部门对下级人民政府计量行政部门的计量授权应进行监督,对违反本办法规定的授权,应予以纠正。

第二十条 与本办法有关的计量授权申请书、证书的式样,由国务院计量行政部门统一规定。

第二十一条 本办法由国务院计量行政部门负责解释。

第二十二条 本办法自发布之日起施行。

检验检测机构资质认定管理办法

（2015年4月9日国家质量监督检验检疫总局令第163号公布　根据2021年4月2日《国家市场监督管理总局关于废止和修改部分规章的决定》修正）

第一章　总　　则

第一条　为了规范检验检测机构资质认定工作，优化准入程序，根据《中华人民共和国计量法》及其实施细则、《中华人民共和国认证认可条例》等法律、行政法规的规定，制定本办法。

第二条　本办法所称检验检测机构，是指依法成立，依据相关标准或者技术规范，利用仪器设备、环境设施等技术条件和专业技能，对产品或者法律法规规定的特定对象进行检验检测的专业技术组织。

本办法所称资质认定，是指市场监督管理部门依照法律、行政法规规定，对向社会出具具有证明作用的数据、结果的检验检测机构的基本条件和技术能力是否符合法定要求实施的评价许可。

第三条　在中华人民共和国境内对检验检测机构实施资质认定，应当遵守本办法。

法律、行政法规对检验检测机构资质认定另有规定的，依照其规定。

第四条　国家市场监督管理总局（以下简称市场监管总局）主管全国检验检测机构资质认定工作，并负责检验检测机构资质认定的统一管理、组织实施、综合协调工作。

省级市场监督管理部门负责本行政区域内检验检测机构的资质认定工作。

第五条　法律、行政法规规定应当取得资质认定的事项清单，由市场监管总局制定并公布，并根据法律、行政法规的调整实行动态管理。

第六条 市场监管总局依据国家有关法律法规和标准、技术规范的规定，制定检验检测机构资质认定基本规范、评审准则以及资质认定证书和标志的式样，并予以公布。

第七条 检验检测机构资质认定工作应当遵循统一规范、客观公正、科学准确、公平公开、便利高效的原则。

第二章 资质认定条件和程序

第八条 国务院有关部门以及相关行业主管部门依法成立的检验检测机构，其资质认定由市场监管总局负责组织实施；其他检验检测机构的资质认定，由其所在行政区域的省级市场监督管理部门负责组织实施。

第九条 申请资质认定的检验检测机构应当符合以下条件：

（一）依法成立并能够承担相应法律责任的法人或者其他组织；

（二）具有与其从事检验检测活动相适应的检验检测技术人员和管理人员；

（三）具有固定的工作场所，工作环境满足检验检测要求；

（四）具备从事检验检测活动所必需的检验检测设备设施；

（五）具有并有效运行保证其检验检测活动独立、公正、科学、诚信的管理体系；

（六）符合有关法律法规或者标准、技术规范规定的特殊要求。

第十条 检验检测机构资质认定程序分为一般程序和告知承诺程序。除法律、行政法规或者国务院规定必须采用一般程序或者告知承诺程序的外，检验检测机构可以自主选择资质认定程序。

检验检测机构资质认定推行网上审批，有条件的市场监督管理部门可以颁发资质认定电子证书。

第十一条 检验检测机构资质认定一般程序：

（一）申请资质认定的检验检测机构（以下简称申请人），应当向市场监管总局或者省级市场监督管理部门（以下统称资质认定部门）提交书面申请和相关材料，并对其真实性负责；

（二）资质认定部门应当对申请人提交的申请和相关材料进行初审，自收到申请之日起 5 个工作日内作出受理或者不予受理的决定，并书面告知申请人；

（三）资质认定部门自受理申请之日起，应当在 30 个工作日内，依据检验检测机构资质认定基本规范、评审准则的要求，完成对申请人的技术评审。技术评审包括书面审查和现场评审（或者远程评审）。技术评审时间不计算在资质认定期限内，资质认定部门应当将技术评审时间告知申请人。由于申请人整改或者其它自身原因导致无法在规定时间内完成的情况除外；

（四）资质认定部门自收到技术评审结论之日起，应当在 10 个工作日内，作出是否准予许可的决定。准予许可的，自作出决定之日起 7 个工作日内，向申请人颁发资质认定证书。不予许可的，应当书面通知申请人，并说明理由。

第十二条 采用告知承诺程序实施资质认定的，按照市场监管总局有关规定执行。

资质认定部门作出许可决定前，申请人有合理理由的，可以撤回告知承诺申请。告知承诺申请撤回后，申请人再次提出申请的，应当按照一般程序办理。

第十三条 资质认定证书有效期为 6 年。

需要延续资质认定证书有效期的，应当在其有效期届满 3 个月前提出申请。

资质认定部门根据检验检测机构的申请事项、信用信息、分类监管等情况，采取书面审查、现场评审（或者远程评审）的方式进行技术评审，并作出是否准予延续的决定。

对上一许可周期内无违反市场监管法律、法规、规章行为的检验检测机构,资质认定部门可以采取书面审查方式,对于符合要求的,予以延续资质认定证书有效期。

第十四条 有下列情形之一的,检验检测机构应当向资质认定部门申请办理变更手续:

(一)机构名称、地址、法人性质发生变更的;

(二)法定代表人、最高管理者、技术负责人、检验检测报告授权签字人发生变更的;

(三)资质认定检验检测项目取消的;

(四)检验检测标准或者检验检测方法发生变更的;

(五)依法需要办理变更的其他事项。

检验检测机构申请增加资质认定检验检测项目或者发生变更的事项影响其符合资质认定条件和要求的,依照本办法第十条规定的程序实施。

第十五条 资质认定证书内容包括:发证机关、获证机构名称和地址、检验检测能力范围、有效期限、证书编号、资质认定标志。

检验检测机构资质认定标志,由 China Inspection Body and Laboratory Mandatory Approval 的英文缩写 CMA 形成的图案和资质认定证书编号组成。式样如下:

CMA

XXXXXXXXXXXX

第十六条 外方投资者在中国境内依法成立的检验检测机构,申请资质认定时,除应当符合本办法第九条规定的资质认定条件外,还应当符合我国外商投资法律法规的有关规定。

第十七条 检验检测机构依法设立的从事检验检测活动的分

支机构,应当依法取得资质认定后,方可从事相关检验检测活动。

资质认定部门可以根据具体情况简化技术评审程序、缩短技术评审时间。

第十八条 检验检测机构应当定期审查和完善管理体系,保证其基本条件和技术能力能够持续符合资质认定条件和要求,并确保质量管理措施有效实施。

检验检测机构不再符合资质认定条件和要求的,不得向社会出具具有证明作用的检验检测数据和结果。

第十九条 检验检测机构应当在资质认定证书规定的检验检测能力范围内,依据相关标准或者技术规范规定的程序和要求,出具检验检测数据、结果。

第二十条 检验检测机构不得转让、出租、出借资质认定证书或者标志;不得伪造、变造、冒用资质认定证书或者标志;不得使用已经过期或者被撤销、注销的资质认定证书或者标志。

第二十一条 检验检测机构向社会出具具有证明作用的检验检测数据、结果的,应当在其检验检测报告上标注资质认定标志。

第二十二条 资质认定部门应当在其官方网站上公布取得资质认定的检验检测机构信息,并注明资质认定证书状态。

第二十三条 因应对突发事件等需要,资质认定部门可以公布符合应急工作要求的检验检测机构名录及相关信息,允许相关检验检测机构临时承担应急工作。

第三章 技术评审管理

第二十四条 资质认定部门根据技术评审需要和专业要求,可以自行或者委托专业技术评价机构组织实施技术评审。

资质认定部门或者其委托的专业技术评价机构组织现场评审(或者远程评审)时,应当指派两名以上与技术评审内容相适应的评审人员组成评审组,并确定评审组组长。必要时,可以聘请相关技术专家参加技术评审。

第二十五条 评审组应当严格按照资质认定基本规范、评审准则开展技术评审活动，在规定时间内出具技术评审结论。

专业技术评价机构、评审组应当对其承担的技术评审活动和技术评审结论的真实性、符合性负责，并承担相应法律责任。

第二十六条 评审组在技术评审中发现有不符合要求的，应当书面通知申请人限期整改，整改期限不得超过30个工作日。逾期未完成整改或者整改后仍不符合要求的，相应评审项目应当判定为不合格。

评审组在技术评审中发现申请人存在违法行为的，应当及时向资质认定部门报告。

第二十七条 资质认定部门应当建立并完善评审人员专业技能培训、考核、使用和监督制度。

第二十八条 资质认定部门应当对技术评审活动进行监督，建立责任追究机制。

资质认定部门委托专业技术评价机构组织技术评审的，应当对专业技术评价机构及其组织的技术评审活动进行监督。

第二十九条 专业技术评价机构、评审人员在评审活动中有下列情形之一的，资质认定部门可以根据情节轻重，对其进行约谈、暂停直至取消委托其从事技术评审活动：

（一）未按照资质认定基本规范、评审准则规定的要求和时间实施技术评审的；

（二）对同一检验检测机构既从事咨询又从事技术评审的；

（三）与所评审的检验检测机构有利害关系或者其评审可能对公正性产生影响，未进行回避的；

（四）透露工作中所知悉的国家秘密、商业秘密或者技术秘密的；

（五）向所评审的检验检测机构谋取不正当利益的；

（六）出具虚假或者不实的技术评审结论的。

第四章　监督检查

第三十条　市场监管总局对省级市场监督管理部门实施的检验检测机构资质认定工作进行监督和指导。

第三十一条　检验检测机构有下列情形之一的，资质认定部门应当依法办理注销手续：

（一）资质认定证书有效期届满，未申请延续或者依法不予延续批准的；

（二）检验检测机构依法终止的；

（三）检验检测机构申请注销资质认定证书的；

（四）法律、法规规定应当注销的其他情形。

第三十二条　以欺骗、贿赂等不正当手段取得资质认定的，资质认定部门应当依法撤销资质认定。

被撤销资质认定的检验检测机构，三年内不得再次申请资质认定。

第三十三条　检验检测机构申请资质认定时提供虚假材料或者隐瞒有关情况的，资质认定部门应当不予受理或者不予许可。检验检测机构在一年内不得再次申请资质认定。

第三十四条　检验检测机构未依法取得资质认定，擅自向社会出具具有证明作用的数据、结果的，依照法律、法规的规定执行；法律、法规未作规定的，由县级以上市场监督管理部门责令限期改正，处3万元罚款。

第三十五条　检验检测机构有下列情形之一的，由县级以上市场监督管理部门责令限期改正；逾期未改正或者改正后仍不符合要求的，处1万元以下罚款。

（一）未按照本办法第十四条规定办理变更手续的；

（二）未按照本办法第二十一条规定标注资质认定标志的。

第三十六条　检验检测机构有下列情形之一的，法律、法规对撤销、吊销、取消检验检测资质或者证书等有行政处罚规定的，依照法律、法规的规定执行；法律、法规未作规定的，由县级以上市场监督管理部门责令限期改正，处3万元罚款：

（一）基本条件和技术能力不能持续符合资质认定条件和要求，擅自向社会出具具有证明作用的检验检测数据、结果的；

（二）超出资质认定证书规定的检验检测能力范围，擅自向社会出具具有证明作用的数据、结果的。

第三十七条 检验检测机构违反本办法规定，转让、出租、出借资质认定证书或者标志，伪造、变造、冒用资质认定证书或者标志，使用已经过期或者被撤销、注销的资质认定证书或者标志的，由县级以上市场监督管理部门责令改正，处3万元以下罚款。

第三十八条 对资质认定部门、专业技术评价机构以及相关评审人员的违法违规行为，任何单位和个人有权举报。相关部门应当依据各自职责及时处理，并为举报人保密。

第三十九条 从事资质认定的工作人员，在工作中滥用职权、玩忽职守、徇私舞弊的，依法予以处理；构成犯罪的，依法追究刑事责任。

第五章　附　　则

第四十条 本办法自2015年8月1日起施行。国家质量监督检验检疫总局于2006年2月21日发布的《实验室和检查机构资质认定管理办法》同时废止。

检验检测机构监督管理办法

（2021年4月8日国家市场监督管理总局令第39号公布　自2021年6月1日起施行　国司备字［2021004123］）

第一条 为了加强检验检测机构监督管理工作，规范检验检测机构从业行为，营造公平有序的检验检测市场环境，依照《中华人民共和国计量法》及其实施细则、《中华人民共和国认证认可条例》等法律、行政法规，制定本办法。

第二条 在中华人民共和国境内检验检测机构从事向社会出具具有证明作用的检验检测数据、结果、报告（以下统称检验检测报告）的活动及其监督管理，适用本办法。

法律、行政法规对检验检测机构的监督管理另有规定的，依照其规定。

第三条 本办法所称检验检测机构，是指依法成立，依据相关标准等规定利用仪器设备、环境设施等技术条件和专业技能，对产品或者其他特定对象进行检验检测的专业技术组织。

第四条 国家市场监督管理总局统一负责、综合协调检验检测机构监督管理工作。

省级市场监督管理部门负责本行政区域内检验检测机构监督管理工作。

地（市）、县级市场监督管理部门负责本行政区域内检验检测机构监督检查工作。

第五条 检验检测机构及其人员应当对其出具的检验检测报告负责，依法承担民事、行政和刑事法律责任。

第六条 检验检测机构及其人员从事检验检测活动应当遵守法律、行政法规、部门规章的规定，遵循客观独立、公平公正、诚实信用原则，恪守职业道德，承担社会责任。

检验检测机构及其人员应当独立于其出具的检验检测报告所涉及的利益相关方，不受任何可能干扰其技术判断的因素影响，保证其出具的检验检测报告真实、客观、准确、完整。

第七条 从事检验检测活动的人员，不得同时在两个以上检验检测机构从业。检验检测授权签字人应当符合相关技术能力要求。

法律、行政法规对检验检测人员或者授权签字人的执业资格或者禁止从业另有规定的，依照其规定。

第八条 检验检测机构应当按照国家有关强制性规定的样品管理、仪器设备管理与使用、检验检测规程或者方法、数据传输与保存等要求进行检验检测。

检验检测机构与委托人可以对不涉及国家有关强制性规定的检验检测规程或者方法等作出约定。

第九条 检验检测机构对委托人送检的样品进行检验的，检验检测报告对样品所检项目的符合性情况负责，送检样品的代表性和真实性由委托人负责。

第十条 需要分包检验检测项目的，检验检测机构应当分包给具备相应条件和能力的检验检测机构，并事先取得委托人对分包的检验检测项目以及拟承担分包项目的检验检测机构的同意。

检验检测机构应当在检验检测报告中注明分包的检验检测项目以及承担分包项目的检验检测机构。

第十一条 检验检测机构应当在其检验检测报告上加盖检验检测机构公章或者检验检测专用章，由授权签字人在其技术能力范围内签发。

检验检测报告用语应当符合相关要求，列明标准等技术依据。检验检测报告存在文字错误，确需更正的，检验检测机构应当按照标准等规定进行更正，并予以标注或者说明。

第十二条 检验检测机构应当对检验检测原始记录和报告进行归档留存。保存期限不少于6年。

第十三条 检验检测机构不得出具不实检验检测报告。

检验检测机构出具的检验检测报告存在下列情形之一，并且数据、结果存在错误或者无法复核的，属于不实检验检测报告：

（一）样品的采集、标识、分发、流转、制备、保存、处置不符合标准等规定，存在样品污染、混淆、损毁、性状异常改变等情形的；

（二）使用未经检定或者校准的仪器、设备、设施的；

（三）违反国家有关强制性规定的检验检测规程或者方法的；

（四）未按照标准等规定传输、保存原始数据和报告的。

第十四条 检验检测机构不得出具虚假检验检测报告。

检验检测机构出具的检验检测报告存在下列情形之一的，属于虚假检验检测报告：

（一）未经检验检测的；

（二）伪造、变造原始数据、记录，或者未按照标准等规定采用原始数据、记录的；

（三）减少、遗漏或者变更标准等规定的应当检验检测的项目，或者改变关键检验检测条件的；

（四）调换检验检测样品或者改变其原有状态进行检验检测的；

（五）伪造检验检测机构公章或者检验检测专用章，或者伪造授权签字人签名或者签发时间的。

第十五条 检验检测机构及其人员应当对其在检验检测工作中所知悉的国家秘密、商业秘密予以保密。

第十六条 检验检测机构应当在其官方网站或者以其他公开方式对其遵守法定要求、独立公正从业、履行社会责任、严守诚实信用等情况进行自我声明，并对声明内容的真实性、全面性、准确性负责。

检验检测机构应当向所在地省级市场监督管理部门报告持续符合相应条件和要求、遵守从业规范、开展检验检测活动以及统计数据等信息。

检验检测机构在检验检测活动中发现普遍存在的产品质量问题的，应当及时向市场监督管理部门报告。

第十七条 县级以上市场监督管理部门应当依据检验检测机构年度监督检查计划，随机抽取检查对象、随机选派执法检查人员开展监督检查工作。

因应对突发事件等需要，县级以上市场监督管理部门可以应急开展相关监督检查工作。

国家市场监督管理总局可以根据工作需要，委托省级市场监督管理部门开展监督检查。

第十八条 省级以上市场监督管理部门可以根据工作需要，定期组织检验检测机构能力验证工作，并公布能力验证结果。

检验检测机构应当按照要求参加前款规定的能力验证工作。

第十九条 省级市场监督管理部门可以结合风险程度、能力验证及监督检查结果、投诉举报情况等，对本行政区域内检验检测机构进行分类监管。

第二十条 市场监督管理部门可以依法行使下列职权：

（一）进入检验检测机构进行现场检查；

（二）向检验检测机构、委托人等有关单位及人员询问、调查有关情况或者验证相关检验检测活动；

（三）查阅、复制有关检验检测原始记录、报告、发票、账簿及其他相关资料；

（四）法律、行政法规规定的其他职权。

检验检测机构应当采取自查自改措施，依法从事检验检测活动，并积极配合市场监督管理部门开展的监督检查工作。

第二十一条 县级以上地方市场监督管理部门应当定期逐级上报年度检验检测机构监督检查结果等信息，并将检验检测机构违法行为查处情况通报实施资质认定的市场监督管理部门和同级有关行业主管部门。

第二十二条 县级以上市场监督管理部门应当依法公开监督检查结果，并将检验检测机构受到的行政处罚等信息纳入国家企业信用信息公示系统等平台。

第二十三条 任何单位和个人有权向县级以上市场监督管理部门举报检验检测机构违反本办法规定的行为。

第二十四条 县级以上市场监督管理部门发现检验检测机构存在不符合本办法规定，但无需追究行政和刑事法律责任的情形的，可以采用说服教育、提醒纠正等非强制性手段予以处理。

第二十五条 检验检测机构有下列情形之一的,由县级以上市场监督管理部门责令限期改正;逾期未改正或者改正后仍不符合要求的,处3万元以下罚款:

(一)违反本办法第八条第一款规定,进行检验检测的;

(二)违反本办法第十条规定分包检验检测项目,或者应当注明而未注明的;

(三)违反本办法第十一条第一款规定,未在检验检测报告上加盖检验检测机构公章或者检验检测专用章,或者未经授权签字人签发或者授权签字人超出其技术能力范围签发的。

第二十六条 检验检测机构有下列情形之一的,法律、法规对撤销、吊销、取消检验检测资质或者证书等有行政处罚规定的,依照法律、法规的规定执行;法律、法规未作规定的,由县级以上市场监督管理部门责令限期改正,处3万元罚款:

(一)违反本办法第十三条规定,出具不实检验检测报告的;

(二)违反本办法第十四条规定,出具虚假检验检测报告的。

第二十七条 市场监督管理部门工作人员玩忽职守、滥用职权、徇私舞弊的,依法予以处理;涉嫌构成犯罪,依法需要追究刑事责任的,按照有关规定移送公安机关。

第二十八条 本办法自2021年6月1日起施行。

财政部、海关总署、税务总局关于废止《科学研究和教学用品免征进口税收规定》等3部规章的决定

(2021年4月13日财政部、海关总署、国家税务总局令第106号公布 自公布之日起施行 国司备字[2021004136])

为了适应依法行政、依法理财的需要,做好有关制度调整后的

衔接工作,决定对以下3部规章予以废止:

1.《科学研究和教学用品免征进口税收规定》(财政部、海关总署、税务总局令第45号)。

2.《关于修改〈科技开发用品免征进口税收暂行规定〉和〈科学研究和教学用品免征进口税收规定〉的决定》(财政部、海关总署、税务总局令第63号)。

3.《关于修改〈科学研究和教学用品免征进口税收规定〉的决定》(财政部、海关总署、税务总局令第93号)。

本决定自公布之日起施行。

金融机构反洗钱和反恐怖融资监督管理办法

(2021年4月15日中国人民银行令〔2021〕第3号公布 自2021年8月1日起施行 国司备字〔2021004106〕)

第一章 总 则

第一条 为了督促金融机构有效履行反洗钱和反恐怖融资义务,规范反洗钱和反恐怖融资监督管理行为,根据《中华人民共和国反洗钱法》《中华人民共和国中国人民银行法》《中华人民共和国反恐怖主义法》等法律法规,制定本办法。

第二条 本办法适用于在中华人民共和国境内依法设立的下列金融机构:

(一)开发性金融机构、政策性银行、商业银行、农村合作银行、农村信用合作社、村镇银行;

(二)证券公司、期货公司、证券投资基金管理公司;

(三)保险公司、保险资产管理公司;

(四)信托公司、金融资产管理公司、企业集团财务公司、金融租赁公司、汽车金融公司、消费金融公司、货币经纪公司、贷款公司、银行理财子公司；

（五）中国人民银行确定并公布应当履行反洗钱和反恐怖融资义务的其他金融机构。

非银行支付机构、银行卡清算机构、资金清算中心、网络小额贷款公司以及从事汇兑业务、基金销售业务、保险专业代理和保险经纪业务的机构，适用本办法关于金融机构的监督管理规定。

第三条 中国人民银行及其分支机构依法对金融机构反洗钱和反恐怖融资工作进行监督管理。

第四条 金融机构应当按照规定建立健全反洗钱和反恐怖融资内部控制制度，评估洗钱和恐怖融资风险，建立与风险状况和经营规模相适应的风险管理机制，搭建反洗钱信息系统，设立或者指定部门并配备相应人员，有效履行反洗钱和反恐怖融资义务。

第五条 对依法履行反洗钱和反恐怖融资职责或者义务获得的客户身份资料和交易信息，应当予以保密，非依法律规定不得对外提供。

第二章 金融机构反洗钱和反恐怖融资内部控制和风险管理

第六条 金融机构应当按照规定，结合本机构经营规模以及洗钱和恐怖融资风险状况，建立健全反洗钱和反恐怖融资内部控制制度。

第七条 金融机构应当在总部层面建立洗钱和恐怖融资风险自评估制度，定期或不定期评估洗钱和恐怖融资风险，经董事会或者高级管理层审定之日起10个工作日内，将自评估情况报送中国人民银行或者所在地中国人民银行分支机构。

金融机构洗钱和恐怖融资风险自评估应当与本机构经营规模和业务特征相适应，充分考虑客户、地域、业务、交易渠道等方面的风险要素类型及其变化情况，并吸收运用国家洗钱和恐怖融资风险评估报告、监管部门及自律组织的指引等。金融机构在采用新技术、开办新业务或者提供新产品、新服务前,或者其面临的洗钱或者恐怖融资风险发生显著变化时,应当进行洗钱和恐怖融资风险评估。

金融机构应当定期审查和不断优化洗钱和恐怖融资风险评估工作流程和指标体系。

第八条 金融机构应当根据本机构经营规模和已识别出的洗钱和恐怖融资风险状况,经董事会或者高级管理层批准,制定相应的风险管理政策,并根据风险状况变化和控制措施执行情况及时调整。

金融机构应当将洗钱和恐怖融资风险管理纳入本机构全面风险管理体系,覆盖各项业务活动和管理流程;针对识别的较高风险情形,应当采取强化措施,管理和降低风险;针对识别的较低风险情形,可以采取简化措施;超出金融机构风险控制能力的,不得与客户建立业务关系或者进行交易,已经建立业务关系的,应当中止交易并考虑提交可疑交易报告,必要时终止业务关系。

第九条 金融机构应当设立专门部门或者指定内设部门牵头开展反洗钱和反恐怖融资管理工作。

金融机构应当明确董事会、监事会、高级管理层和相关部门的反洗钱和反恐怖融资职责,建立相应的绩效考核和奖惩机制。

金融机构应当任命或者授权一名高级管理人员牵头负责反洗钱和反恐怖融资管理工作,并采取合理措施确保其独立开展工作以及充分获取履职所需权限和资源。

金融机构应当根据本机构经营规模、洗钱和恐怖融资风险状况和业务发展趋势配备充足的反洗钱岗位人员,采取适当措施确保反洗钱岗位人员的资质、经验、专业素质及职业道德符合要求,制定持续的反洗钱和反恐怖融资培训计划。

第十条 金融机构应当根据反洗钱和反恐怖融资工作需要,建立和完善相关信息系统,并根据风险状况、反洗钱和反恐怖融资工作需求变化及时优化升级。

第十一条 金融机构应当建立反洗钱和反恐怖融资审计机制，通过内部审计或者独立审计等方式，审查反洗钱和反恐怖融资内部控制制度制定和执行情况。审计应当遵循独立性原则，全面覆盖境内外分支机构、控股附属机构，审计的范围、方法和频率应当与本机构经营规模及洗钱和恐怖融资风险状况相适应，审计报告应当向董事会或者其授权的专门委员会提交。

第十二条 金融机构应当在总部层面制定统一的反洗钱和反恐怖融资机制安排，包括为开展客户尽职调查、洗钱和恐怖融资风险管理，共享反洗钱和反恐怖融资信息的制度和程序，并确保其所有分支机构和控股附属机构结合自身业务特点有效执行。

金融机构在共享和使用反洗钱和反恐怖融资信息方面应当依法提供信息并防止信息泄露。

第十三条 金融机构应当要求其境外分支机构和控股附属机构在驻在国家（地区）法律规定允许的范围内，执行本办法；驻在国家（地区）有更严格要求的，遵守其规定。

如果本办法的要求比驻在国家（地区）的相关规定更为严格，但驻在国家（地区）法律禁止或者限制境外分支机构和控股附属机构实施本办法的，金融机构应当采取适当的补充措施应对洗钱和恐怖融资风险，并向中国人民银行报告。

第十四条 金融机构应当按照规定，结合内部控制制度和风险管理机制的相关要求，履行客户尽职调查、客户身份资料和交易记录保存、大额交易和可疑交易报告等义务。

第十五条 金融机构应当按照中国人民银行的规定报送反洗钱和反恐怖融资工作信息。金融机构应当对相关信息的真实性、完整性、有效性负责。

第十六条 在境外设有分支机构或控股附属机构的，境内金融机构总部应当按年度向中国人民银行或者所在地中国人民银行分支机构报告境外分支机构或控股附属机构接受驻在国家（地区）反洗钱和反恐怖融资监管情况。

第十七条 发生下列情况的，金融机构应当按照规定及时向中国人民银行或者所在地中国人民银行分支机构报告：

（一）制定或者修订主要反洗钱和反恐怖融资内部控制制度的；

（二）牵头负责反洗钱和反恐怖融资工作的高级管理人员、牵头管理部门或者部门主要负责人调整的；

（三）发生涉及反洗钱和反恐怖融资工作的重大风险事项的；

（四）境外分支机构和控股附属机构受到当地监管当局或者司法部门开展的与反洗钱和反恐怖融资相关的执法检查、行政处罚、刑事调查或者发生其他重大风险事件的；

（五）中国人民银行要求报告的其他事项。

第三章 反洗钱和反恐怖融资监督管理

第十八条 中国人民银行及其分支机构应当遵循风险为本和法人监管原则，合理运用各类监管方法，实现对不同类型金融机构的有效监管。

中国人民银行及其分支机构可以向国务院金融监督管理机构或者其派出机构通报对金融机构反洗钱和反恐怖融资监管情况。

第十九条 根据履行反洗钱和反恐怖融资职责的需要，中国人民银行及其分支机构可以按照规定程序，对金融机构履行反洗钱和反恐怖融资义务的情况开展执法检查。

中国人民银行及其分支机构可以对其下级机构负责监督管理的金融机构进行反洗钱和反恐怖融资执法检查，可以授权下级机构检查由上级机构负责监督管理的金融机构。

第二十条 中国人民银行及其分支机构开展反洗钱和反恐怖融资执法检查，应当依据现行反洗钱和反恐怖融资规定，按照中国人民银行执法检查有关程序规定组织实施。

第二十一条 中国人民银行及其分支机构应当根据执法检查有关程序规定，规范有效地开展执法检查工作，重点加强对以下机构的监督管理：

（一）涉及洗钱和恐怖融资案件的机构；

（二）洗钱和恐怖融资风险较高的机构；

（三）通过日常监管、受理举报投诉等方式，发现存在重大违法违规线索的机构；

（四）其他应当重点监管的机构。

第二十二条 中国人民银行及其分支机构进入金融机构现场开展反洗钱和反恐怖融资检查的，按照规定可以询问金融机构工作人员，要求其对监管事项作出说明；查阅、复制文件、资料，对可能被转移、隐匿或者销毁的文件、资料予以封存；查验金融机构运用信息化、数字化管理业务数据和进行洗钱和恐怖融资风险管理的系统。

第二十三条 中国人民银行及其分支机构应当根据金融机构报送的反洗钱和反恐怖融资工作信息，结合日常监管中获得的其他信息，对金融机构反洗钱和反恐怖融资制度的建立健全情况和执行情况进行评价。

第二十四条 为了有效实施风险为本监管，中国人民银行及其分支机构应当结合国家、地区、行业的洗钱和恐怖融资风险评估情况，在采集金融机构反洗钱和反恐怖融资信息的基础上，对金融机构开展风险评估，及时、准确掌握金融机构洗钱和恐怖融资风险状况。

第二十五条 为了解金融机构洗钱和恐怖融资风险状况，中国人民银行及其分支机构可以对金融机构开展洗钱和恐怖融资风险现场评估。

中国人民银行及其分支机构开展现场风险评估应当填制《反洗钱监管审批表》（附1）及《反洗钱监管通知书》（附2），经本行（营业管理部）行长（主任）或者分管副行长（副主任）批准后，至少提前5个工作日将《反洗钱监管通知书》送达被评估的金融机构。

中国人民银行及其分支机构可以要求被评估的金融机构提供必要的资料数据，也可以现场采集评估需要的信息。

在开展现场风险评估时，中国人民银行及其分支机构的反洗钱工作人员不得少于2人，并出示合法证件。

现场风险评估结束后，中国人民银行及其分支机构应当制发《反洗钱监管意见书》（附3），将风险评估结论和发现的问题反馈被评估的金融机构。

第二十六条 根据金融机构合规情况和风险状况，中国人民银行及其分支机构可以采取监管提示、约见谈话、监管走访等措施。在监管过程中，发现金融机构存在较高洗钱和恐怖融资风险或者涉嫌违反反洗钱和反恐怖融资规定的，中国人民银行及其分支机构应当及时开展执法检查。

第二十七条 金融机构存在洗钱和恐怖融资风险隐患，或者反洗钱和反恐怖融资工作存在明显漏洞，需要提示金融机构关注的，经中国人民银行或其分支机构反洗钱部门负责人批准，可以向该金融机构发出《反洗钱监管提示函》（附4），要求其采取必要的管控措施，督促其整改。

金融机构应当自收到《反洗钱监管提示函》之日起20个工作日内，经本机构分管反洗钱和反恐怖融资工作负责人签批后作出书面答复；不能及时作出答复的，经中国人民银行或者其所在地中国人民银行分支机构同意后，在延长时限内作出答复。

第二十八条 根据履行反洗钱和反恐怖融资职责的需要，针对金融机构反洗钱和反恐怖融资义务履行不到位、突出风险事件等重要问题，中国人民银行及其分支机构可以约见金融机构董事、监事、高级管理人员或者部门负责人进行谈话。

第二十九条 中国人民银行及其分支机构进行约见谈话前，应当填制《反洗钱监管审批表》及《反洗钱监管通知书》。约见金融机构董事、监事、高级管理人员，应当经本行（营业管理部）行长（主任）或者分管副行长（副主任）批准；约见金融机构部门负责人的，应当经本行（营业管理部）反洗钱部门负责人批准。

《反洗钱监管通知书》应当至少提前2个工作日送达被谈话机

构。情况特殊需要立即进行约见谈话的，应当在约见谈话现场送达《反洗钱监管通知书》。

约见谈话时，中国人民银行及其分支机构反洗钱工作人员不得少于2人。谈话结束后，应当填写《反洗钱约谈记录》（附5）并经被谈话人签字确认。

第三十条 为了解、核实金融机构反洗钱和反恐怖融资政策执行情况以及监管意见整改情况，中国人民银行及其分支机构可以对金融机构开展监管走访。

第三十一条 中国人民银行及其分支机构进行监管走访前，应当填制《反洗钱监管审批表》及《反洗钱监管通知书》，由本行（营业管理部）行长（主任）或者分管副行长（副主任）批准。

《反洗钱监管通知书》应当至少提前5个工作日送达金融机构。情况特殊需要立即实施监管走访的，应当在进入金融机构现场时送达《反洗钱监管通知书》。

监管走访时，中国人民银行及其分支机构反洗钱工作人员不得少于2人，并出示合法证件。

中国人民银行及其分支机构应当做好监管走访记录，必要时，可以制发《反洗钱监管意见书》。

第三十二条 中国人民银行及其分支机构应当持续跟踪金融机构对监管发现问题的整改情况，对于未合理制定整改计划或者未有效实施整改的，可以启动执法检查或者进一步采取其他监管措施。

第三十三条 中国人民银行分支机构对金融机构分支机构依法实施行政处罚，或者在监管过程中发现涉及金融机构总部的重大问题、系统性缺陷的，应当及时将处罚决定或者监管意见抄送中国人民银行或者金融机构总部所在地中国人民银行分支机构。

第三十四条 中国人民银行及其分支机构监管人员违反规定程序或者超越职权规定实施监管的，金融机构有权拒绝或者提出异议。金融机构对中国人民银行及其分支机构提出的违法违规问题有权提出申辩，有合理理由的，中国人民银行及其分支机构应当采纳。

第四章　法律责任

第三十五条　中国人民银行及其分支机构从事反洗钱工作的人员，违反本办法有关规定的，按照《中华人民共和国反洗钱法》第三十条的规定予以处分。

第三十六条　金融机构违反本办法有关规定的，由中国人民银行或者其地市中心支行以上分支机构按照《中华人民共和国反洗钱法》第三十一条、第三十二条的规定进行处理；区别不同情形，建议国务院金融监督管理机构依法予以处理。

中国人民银行县（市）支行发现金融机构违反本规定的，应报告其上一级分支机构，由该分支机构按照前款规定进行处理或提出建议。

第五章　附　　则

第三十七条　金融集团适用本办法第九条第四款、第十一条至第十三条的规定。

第三十八条　本办法由中国人民银行负责解释。

第三十九条　本办法自2021年8月1日起施行。本办法施行前有关反洗钱和反恐怖融资规定与本办法不一致的，按照本办法执行。《金融机构反洗钱监督管理办法（试行）》（银发〔2014〕344号文印发）同时废止。

附：1. 反洗钱监管审批表

2. 反洗钱监管通知书

3. 反洗钱监管意见书

4. 反洗钱监管提示函

5. 反洗钱约谈记录

附1

中国人民银行　　　　行(营业管理部)
反洗钱监管审批表

反洗钱＿＿〔　　〕　　号

反洗钱监管立项申请内容	项目名称	
	监管理由	
	监管依据	
	监管对象	
	监管内容	
	监管期限	年　　月　　日至　　年　　月　　日
	监管方式 (在对应项后打√)	约见谈话□　现场风险评估□　监管走访□
	监管实施时间	年　　月　　日至　　年　　月　　日
	监管人员	监管组组长: 监管组成员:
	备注	
审批情况	部门负责人 签字	
	行(营业管理部)领导 审批签字	

附2

中国人民银行　　　行(营业管理部)
反洗钱监管通知书

反洗钱____〔　　〕号

(监管对象名称):

依据《中华人民共和国反洗钱法》《中华人民共和国中国人民银行法》________________等法律法规,我行(营业管理部)对你单位实施反洗钱监管,现将有关事项通知如下:

监管方式:约见谈话□　监管走访□　现场风险评估□

(在对应项后打√)

监管内容:

监管期限:

监管实施时间:　　年　　月　　日至　　年　　月　　日

监管组组长:

监管组成员:

所需你单位提供的数据、资料:

请你单位配合监管工作,并提供必要的工作条件。

(公章)

年　　月　　日

备注:本通知书一式两份,监管机构一份,监管对象一份。

附3

中国人民银行　　　行(营业管理部)
反洗钱监管意见书

反洗钱____〔　〕　号

(监管对象名称):

我行(营业管理部)________于　年　月　日至　年　月　日对你单位实施了反洗钱监管(现场风险评估□　监管走访□)活动,特此提出如下监管意见:

____

____

____

____

____

____

____

____

____

____

____

(公章)

年　月　日

附 4

中国人民银行＿＿＿＿行（营业管理部）
反洗钱监管提示函

反洗钱＿＿〔　　〕　号

（监管对象名称）：

我行（营业管理部）在反洗钱监管中发现你单位存在以下问题，特此提示：

＿＿＿＿＿＿＿＿＿＿＿＿＿＿＿＿＿＿＿＿＿＿＿＿＿＿＿＿＿＿

＿＿＿＿＿＿＿＿＿＿＿＿＿＿＿＿＿＿＿＿＿＿＿＿＿＿＿＿＿＿

＿＿＿＿＿＿＿＿＿＿＿＿＿＿＿＿＿＿＿＿＿＿＿＿＿＿＿＿＿＿

＿＿＿＿＿＿＿＿＿＿＿＿＿＿＿＿＿＿＿＿＿＿＿＿＿＿＿＿＿＿

＿＿＿＿＿＿＿＿＿＿＿＿＿＿＿＿＿＿＿＿＿＿＿＿＿＿＿＿＿＿

＿＿＿＿＿＿＿＿＿＿＿＿＿＿＿＿＿＿＿＿＿＿＿＿＿＿＿＿＿＿

＿＿＿＿＿＿＿＿＿＿＿＿＿＿＿＿＿＿＿＿＿＿＿＿＿＿＿＿＿＿

＿＿＿＿＿＿＿＿＿＿＿＿＿＿＿＿＿＿＿＿＿＿＿＿＿＿＿＿＿＿

＿＿＿＿＿＿＿＿＿＿＿＿＿＿＿＿＿＿＿＿＿＿＿＿＿＿＿＿＿＿

＿＿＿＿＿＿＿＿＿＿＿＿＿＿＿＿＿＿＿＿＿＿＿＿＿＿＿＿＿＿

＿＿＿＿＿＿＿＿＿＿＿＿＿＿＿＿＿＿＿＿＿＿＿＿＿＿＿＿＿＿

（公章）

年　　月　　日

附5

中国人民银行　　　行(营业管理部)
反洗钱约谈记录

<table>
<tr><td>时　　间</td><td></td><td>地　　点</td><td></td></tr>
<tr><td rowspan="2">谈话对象</td><td colspan="3">机构名称：</td></tr>
<tr><td colspan="3">被谈话人员及职务：</td></tr>
<tr><td>监管人员</td><td></td><td>记录人</td><td></td></tr>
<tr><td colspan="4">谈话内容：</td></tr>
</table>

谈话人：(签字)　　　　　　　　　　被谈话人：(签字)

反间谍安全防范工作规定

（2021年4月26日国家安全部令2021年第1号公布　自公布之日起施行　国司备字[2021004128]）

第一章　总　　则

第一条　为了加强和规范反间谍安全防范工作，督促机关、团体、企业事业组织和其他社会组织落实反间谍安全防范责任，根据《中华人民共和国国家安全法》《中华人民共和国反间谍法》《中华人民共和国反间谍法实施细则》等有关法律法规，制定本规定。

第二条　机关、团体、企业事业组织和其他社会组织在国家安全机关的协调和指导下开展反间谍安全防范工作，适用本规定。

第三条　开展反间谍安全防范工作，应当坚持中央统一领导，坚持总体国家安全观，坚持专门工作与群众路线相结合，坚持人防物防技防相结合，严格遵守法定权限和程序，尊重和保障人权，保护公民、组织的合法权益。

第四条　机关、团体、企业事业组织和其他社会组织承担本单位反间谍安全防范工作的主体责任，应当对本单位的人员进行维护国家安全的教育，动员、组织本单位的人员防范、制止间谍行为和其他危害国家安全的行为。

行业主管部门在其职权范围内，监督管理本行业反间谍安全防范工作。

第五条　各级国家安全机关按照管理权限，依法对机关、团体、企业事业组织和其他社会组织开展反间谍安全防范工作进行业务指导和督促检查。

第六条　国家安全机关及其工作人员对履行反间谍安全防范

指导和检查工作职责中知悉的国家秘密、工作秘密、商业秘密、个人隐私和个人信息，应当严格保密，不得泄露或者向他人非法提供。

第二章　反间谍安全防范责任

第七条　行业主管部门应当履行下列反间谍安全防范监督管理责任：

（一）根据主管行业特点，明确本行业反间谍安全防范工作要求；

（二）配合国家安全机关制定主管行业反间谍安全防范重点单位名录、开展反间谍安全防范工作；

（三）指导、督促主管行业所属重点单位履行反间谍安全防范义务；

（四）其他应当履行的反间谍安全防范行业管理责任。

有关行业主管部门应当与国家安全机关建立健全反间谍安全防范协作机制，加强信息互通、情况会商、协同指导、联合督查，共同做好反间谍安全防范工作。

第八条　机关、团体、企业事业组织和其他社会组织应当落实反间谍安全防范主体责任，履行下列义务：

（一）开展反间谍安全防范教育、培训，提高本单位人员的安全防范意识和应对能力；

（二）加强本单位反间谍安全防范管理，落实有关安全防范措施；

（三）及时向国家安全机关报告涉及间谍行为和其他危害国家安全行为的可疑情况；

（四）为国家安全机关依法执行任务提供便利或者其他协助；

（五）妥善应对和处置涉及本单位和本单位人员的反间谍安全防范突发情况；

（六）其他应当履行的反间谍安全防范义务。

第九条 国家安全机关根据单位性质、所属行业、涉密等级、涉外程度以及是否发生过危害国家安全案事件等因素，会同有关部门制定并定期调整反间谍安全防范重点单位名录，以书面形式告知重点单位。反间谍安全防范重点单位除履行本规定第八条规定的义务外，还应当履行下列义务：

（一）建立健全反间谍安全防范工作制度；

（二）明确本单位相关机构和人员承担反间谍安全防范职责；

（三）加强对涉密事项、场所、载体、数据、岗位和人员的日常安全防范管理，对涉密人员实行上岗前反间谍安全防范审查，与涉密人员签订安全防范承诺书；

（四）组织涉密、涉外人员向本单位报告涉及国家安全事项，并做好数据信息动态管理；

（五）做好涉外交流合作中的反间谍安全防范工作，制定并落实有关预案措施；

（六）做好本单位出国（境）团组、人员和长期驻外人员的反间谍安全防范行前教育、境外管理和回国（境）访谈工作；

（七）定期对涉密、涉外人员开展反间谍安全防范教育、培训；

（八）按照反间谍技术安全防范标准，配备必要的设备、设施，落实有关技术安全防范措施；

（九）定期对本单位反间谍安全防范工作进行自查，及时发现和消除安全隐患。

第十条 关键信息基础设施运营者除履行本规定第八条规定的义务外，还应当履行下列义务：

（一）对本单位安全管理机构负责人和关键岗位人员进行反间谍安全防范审查；

（二）定期对从业人员进行反间谍安全防范教育、培训；

（三）采取反间谍技术安全防范措施，防范、制止境外网络攻击、网络入侵、网络窃密等间谍行为，保障网络和信息核心技术、关键基础设施和重要领域信息系统及数据的安全。

列入反间谍安全防范重点单位名录的关键信息基础设施运营者，还应当履行本规定第九条规定的义务。

第三章 反间谍安全防范指导

第十一条 国家安全机关可以通过下列方式，对机关、团体、企业事业组织和其他社会组织落实反间谍安全防范责任进行指导：

（一）提供工作手册、指南等宣传教育材料；

（二）印发书面指导意见；

（三）举办工作培训；

（四）召开工作会议；

（五）提醒、劝告；

（六）其他指导方式。

第十二条 国家安全机关定期分析反间谍安全防范形势，开展风险评估，通报有关单位，向有关单位提出加强和改进反间谍安全防范工作的意见和建议。

第十三条 国家安全机关运用网络、媒体平台、国家安全教育基地（馆）等，开展反间谍安全防范宣传教育。

第十四条 国家安全机关会同教育主管部门，指导学校向全体师生开展反间谍安全防范教育，对参加出国（境）学习、交流的师生加强反间谍安全防范行前教育和回国（境）访谈。

第十五条 国家安全机关会同科技主管部门，指导各类科研机构向科研人员开展反间谍安全防范教育，对参加出国（境）学习、交流的科研人员加强反间谍安全防范行前教育和回国（境）访谈。

第十六条 国家安全机关会同有关部门，组织、动员居（村）民委员会结合本地实际配合开展群众性反间谍安全防范宣传教育。

第十七条 国家安全机关会同宣传主管部门，协调和指导广播、电视、报刊、互联网等媒体开展反间谍安全防范宣传活动，制作、刊登、播放反间谍安全防范公益广告、典型案例、宣传教育节目或者其他宣传品，提高公众反间谍安全防范意识。

第十八条 公民、组织可以通过国家安全机关12339举报受理电话、网络举报受理平台或者国家安全机关公布的其他举报方式，举报间谍行为和其他危害国家安全的行为，以及各类反间谍安全防范问题线索。

第十九条 国家安全机关应当严格为举报人保密，保护举报人的人身财产安全。未经举报人同意，不得以任何方式公开或者泄露其个人信息。

公民因举报间谍行为或者其他危害国家安全行为，本人或者其近亲属的人身安全面临危险的，可以向国家安全机关请求予以保护。国家安全机关应当会同有关部门依法采取保护措施。

第二十条 对反间谍安全防范工作中取得显著成绩或者做出重大贡献的单位和个人，符合下列条件之一的，国家安全机关可以按照国家有关规定，会同有关部门、单位给予表彰、奖励：

（一）提供重要情况或者线索，为国家安全机关发现、破获间谍案件或者其他危害国家安全案件，或者为有关单位防范、消除涉及国家安全的重大风险隐患或者现实危害发挥重要作用的；

（二）密切配合国家安全机关执行任务，表现突出的；

（三）防范、制止间谍行为或者其他危害国家安全行为，表现突出的；

（四）主动采取措施，及时消除本单位涉及国家安全的重大风险隐患或者现实危害，挽回重大损失的；

（五）在反间谍安全防范工作中，有重大创新或者成效特别显著的；

（六）在反间谍安全防范工作中做出其他重大贡献的。

第四章 反间谍安全防范检查

第二十一条 国家安全机关对有下列情形之一的，经设区的市级以上国家安全机关负责人批准，并出具法律文书，可以对机关、团体、企业事业组织和其他社会组织开展反间谍安全防范检查：

（一）发现反间谍安全防范风险隐患；

（二）接到反间谍安全防范问题线索举报；

（三）依据有关单位的申请；

（四）因其他反间谍安全防范工作需要。

第二十二条 国家安全机关可以通过下列方式对机关、团体、企业事业组织和其他社会组织的反间谍安全防范工作进行检查：

（一）向有关单位和人员了解情况；

（二）调阅有关资料；

（三）听取有关工作说明；

（四）进入有关单位、场所实地查看；

（五）查验电子通信工具、器材等设备、设施；

（六）反间谍技术防范检查和检测；

（七）其他法律、法规、规章授权的检查方式。

第二十三条 经设区的市级以上国家安全机关负责人批准，国家安全机关可以对存在风险隐患的机关、团体、企业事业组织和其他社会组织的相关部位、场所和建筑物、内部设备设施、强弱电系统、计算机网络及信息系统、关键信息基础设施等开展反间谍技术防范检查检测，防范、发现和处置危害国家安全的情况。

第二十四条 国家安全机关可以采取下列方式开展反间谍技术防范检查检测：

（一）进入有关单位、场所，进行现场技术检查；

（二）使用专用设备，对有关部位、场所、链路、网络进行技术检测；

（三）对有关设备设施、网络、系统进行远程技术检测。

第二十五条 国家安全机关开展反间谍技术防范现场检查检测时，检查人员不得少于两人，并应当出示相应证件。

国家安全机关开展远程技术检测，应当事先告知被检测对象检测时间、检测范围等事项。

检查检测人员应当制作检查检测记录，如实记录检查检测情况。

第二十六条 国家安全机关在开展反间谍技术防范检查检测中，为防止危害发生或者扩大，可以依法责令被检查对象采取技术屏蔽、隔离、拆除或者停止使用相关设备设施、网络、系统等整改措施，指导和督促有关措施的落实，并在检查检测记录中注明。

第二十七条 国家安全机关可以根据反间谍安全防范检查情况，向被检查单位提出加强和改进反间谍安全防范工作的意见和建议，督促有关单位落实反间谍安全防范责任和义务。

第五章 法律责任

第二十八条 机关、团体、企业事业组织和其他社会组织违反本规定，有下列情形之一的，国家安全机关可以依法责令限期整改；被责令整改单位应当于整改期限届满前向国家安全机关提交整改报告，国家安全机关应当自收到整改报告之日起十五个工作日内对整改情况进行检查：

（一）不认真履行反间谍安全防范责任和义务，安全防范工作措施不落实或者落实不到位，存在明显问题隐患的；

（二）不接受国家安全机关反间谍安全防范指导和检查的；

（三）发生间谍案件，叛逃案件，为境外窃取、刺探、收买、非法提供国家秘密、情报案件，以及其他危害国家安全案事件的；

（四）发现涉及间谍行为和其他危害国家安全行为的可疑情况，迟报、漏报、瞒报，造成不良后果或者影响的；

（五）不配合或者阻碍国家安全机关依法执行任务的。

对未按照要求整改或者未达到整改要求的，国家安全机关可以依法约谈相关负责人，并将约谈情况通报该单位上级主管部门。

第二十九条 机关、团体、企业事业组织和其他社会组织及其工作人员未履行或者未按照规定履行反间谍安全防范责任和义务，造成不良后果或者影响的，国家安全机关可以向有关机关、单位移送问题线索，建议有关机关、单位按照管理权限对负有责任的领导人员和直接责任人员依规依纪依法予以处理；构成犯罪的，依法追究刑事责任。

第三十条 国家安全机关及其工作人员在反间谍安全防范指导和检查工作中，滥用职权、玩忽职守、徇私舞弊的，对负有责任的领导人员和直接责任人员依规依纪依法予以处理；构成犯罪的，依法追究刑事责任。

第六章 附 则

第三十一条 本规定自公布之日起施行。

银行保险机构许可证管理办法

（2021年4月28日中国银行保险监督管理委员会令2021年第3号公布 自2021年7月1日起施行 国司备字[2021004133]）

第一条 为了加强银行保险机构许可证管理，促进银行保险机构依法经营，根据《中华人民共和国行政许可法》《中华人民共和国银行业监督管理法》《中华人民共和国商业银行法》《中华人民共和国保险法》等有关法律规定，制定本办法。

第二条 本办法所称许可证是指中国银行保险监督管理委员会（以下简称银保监会）依法颁发的特许银行保险机构经营金融业

务的法律文件。

许可证的颁发、换发、收缴等由银保监会及其授权的派出机构依法行使,其他任何单位和个人不得行使上述职权。

第三条 本办法所称银行保险机构包括政策性银行、大型银行、股份制银行、城市商业银行、民营银行、外资银行、农村中小银行机构等银行机构及其分支机构,保险集团(控股)公司、保险公司、保险资产管理公司、金融资产管理公司、信托公司、企业集团财务公司、金融租赁公司、汽车金融公司、货币经纪公司、消费金融公司、银行理财公司、金融资产投资公司以及经银保监会及其派出机构批准设立的其他非银行金融机构及其分支机构,保险代理集团(控股)公司、保险经纪集团(控股)公司、保险专业代理公司、保险经纪公司、保险兼业代理机构等保险中介机构。

上述银行保险机构开展金融业务,应当依法取得许可证和市场监督管理部门颁发的营业执照。

第四条 本办法所称许可证包括下列几种类型:

(一)金融许可证;

(二)保险许可证;

(三)保险中介许可证。

金融许可证适用于政策性银行、大型银行、股份制银行、城市商业银行、民营银行、外资银行、农村中小银行机构等银行机构及其分支机构,以及金融资产管理公司、信托公司、企业集团财务公司、金融租赁公司、汽车金融公司、货币经纪公司、消费金融公司、银行理财公司、金融资产投资公司等非银行金融机构及其分支机构。

保险许可证适用于保险集团(控股)公司、保险公司、保险资产管理公司等保险机构及其分支机构。

保险中介许可证适用于保险代理集团(控股)公司、保险经纪集团(控股)公司、保险专业代理公司、保险经纪公司、保险兼业代理机构等保险中介机构。

第五条 银保监会对银行保险机构许可证实行分级管理。

银保监会负责其直接监管的政策性银行、大型银行、股份制银行、外资银行,保险集团(控股)公司、保险公司、保险资产管理公司、保险代理集团(控股)公司、保险经纪集团(控股)公司,金融资产管理公司、银行理财公司、金融资产投资公司、保险兼业代理机构等银行保险机构许可证的颁发与管理。

银保监会派出机构根据上级管理单位授权,负责辖内银行保险机构许可证的颁发与管理。

第六条 银保监会及其派出机构根据行政许可决定或备案、报告信息向银行保险机构颁发、换发、收缴许可证。

经批准设立的银行保险机构应当自收到行政许可决定之日起10日内到银保监会或其派出机构领取许可证。对于采取备案或报告管理的机构设立事项,银行保险机构应当在完成报告或备案后10日内到银保监会或其派出机构领取许可证。

第七条 许可证载明下列内容:

(一)机构编码;

(二)机构名称;

(三)业务范围;

(四)批准日期;

(五)机构住所;

(六)颁发许可证日期;

(七)发证机关。

机构编码按照银保监会有关编码规则确定。

金融许可证和保险许可证的批准日期为机构批准设立日期。保险中介许可证的批准日期为保险中介业务资格批准日期。对于采取备案或报告管理的机构设立事项,批准日期为发证机关收到完整备案或报告材料的日期。

第八条 银行保险机构领取许可证时,应当提交下列材料:

(一)银行保险机构介绍信或委托书;

（二）领取许可证人员的合法有效身份证明。

第九条 许可证记载事项发生变更的，银行保险机构应当向发证机关缴回原证，并领取新许可证。

前款所称事项变更须经发证机关许可的，银行保险机构应当自收到行政许可决定之日起 10 日内到发证机关领取新许可证。前款所称变更事项须向发证机关备案或报告的，银行保险机构应当在完成备案或报告后 10 日内到发证机关领取新许可证。前款所称变更事项无须许可或备案、报告的，银行保险机构应当自变更之日起 15 日内到发证机关领取新许可证。

第十条 许可证破损的，银行保险机构应当自发现之日起 7 日内向发证机关缴回原证，并领取新许可证。

第十一条 许可证遗失，银行保险机构应立即报告发证机关，并于发现之日起 7 日内发布遗失声明公告、重新领取许可证。

报告内容包括机构名称、地址、批准日期，许可证流水号、编码、颁发日期，当事人、失控的时间、地点、事发原因、过程等情况。

发布遗失声明公告的方式同新领、换领许可证。

许可证遗失的，银行保险机构向发证机关领取新许可证时，除应提交本办法第八条规定的材料外，还应当提交遗失声明公告及对该事件的处理结果报告。

第十二条 银行保险机构行政许可被撤销，被吊销许可证，或者机构解散、关闭、被撤销、被宣告破产的，应当在收到银保监会及其派出机构有关文件、法律文书或人民法院宣告破产裁定书之日起 15 日内，将许可证缴回发证机关；逾期不缴回的，由发证机关在缴回期满后 5 日内依法收缴。

第十三条 新领、换领许可证，银行保险机构应于 30 日内进行公告。银行保险机构应采取下列一种或多种方式进行公告：

（一）在公开发行报刊上公告；

（二）在银行保险机构官方网站上公告；

（三）其他有效便捷的公告方式。

公告的具体内容应当包括：事由、机构名称、机构住所、机构编码、联系电话。公告的知晓范围应至少与机构开展业务经营的地域范围相匹配。银行保险机构应保留相关公告材料备查。

第十四条 银行保险机构应当在营业场所的显著位置公示许可证原件。保险中介机构分支机构应当在营业场所的显著位置公示加盖法人机构公章的许可证复印件。

银行保险机构应当依据行政许可决定文件和上级管理单位授权文件，在营业场所的显著位置以适当方式公示其业务范围、经营区域、主要负责人。通过网络平台开展业务的，应当在相关网络页面及功能模块以清晰、醒目的方式展示上述内容。

上述公示事项内容发生变更，银行保险机构应当自变更之日起10日内更换公示内容。

第十五条 银行保险机构应当妥善保管和依法使用许可证。

任何单位和个人不得伪造、变造、转让、出租、出借银行保险机构许可证。

第十六条 银保监会及其派出机构应当加强银行保险机构许可证的信息管理，建立完善的许可证管理信息系统，依法披露许可证的有关信息。

第十七条 银保监会及其派出机构依法对银行保险机构许可证管理、公告和公示等情况进行监督与检查。

第十八条 银行保险机构违反本办法，有下列情形之一的，依照《中华人民共和国银行业监督管理法》《中华人民共和国商业银行法》《中华人民共和国保险法》有关规定进行处罚；法律、行政法规没有规定的，由银保监会及其派出机构责令改正，予以警告，对有违法所得的处以违法所得一倍以上三倍以下罚款，但最高不超过三万元，对没有违法所得的处以一万元以下罚款；构成犯罪的，依法追究刑事责任：

（一）转让、出租、出借、伪造、变造许可证；

（二）未按规定新领、换领、缴回许可证；

（三）损坏许可证；

（四）因管理不善导致许可证遗失；

（五）遗失许可证未按规定向发证机关报告；

（六）未按规定公示许可证、业务范围、经营区域、主要负责人；

（七）新领、换领许可证等未按规定进行公告；

（八）新领、换领许可证后未按规定向市场监督管理部门办理登记，领取、换领营业执照。

第十九条 银行保险机构许可证由银保监会统一印制和管理。颁发时加盖发证机关的单位印章方可生效。

银保监会及其派出机构应按照行政审批与许可证管理适当分离的原则，对许可证进行专门管理。许可证保管、打印、颁发等职能应相互分离、相互制约，同时建立许可证颁发、收缴、销毁登记制度。

对于许可证颁发管理过程中产生的废证、收回的旧证、依法缴回和吊销的许可证，应加盖“作废”章，作为重要凭证专门收档，定期销毁。

第二十条 银保监会根据电子证照相关法律法规、国家标准和全国一体化在线政务服务平台标准，制定银行保险机构许可证电子证照标准，推进银行保险机构许可证电子化。

银行保险机构许可证电子证的签发、使用、管理等，按国家和银保监会有关规定执行。

第二十一条 本办法规定的有关期限，均以工作日计算。

第二十二条 本办法由银保监会负责解释。本办法自 2021 年 7 月 1 日起施行，《金融许可证管理办法》（银监会令 2007 年第 8 号修订）和《保险许可证管理办法》（保监会令 2007 年第 1 号）同时废止。

司法解释

最高人民法院关于内地与香港特别行政区相互执行仲裁裁决的补充安排

（2020 年 11 月 9 日最高人民法院审判委员会第 1815 次会议通过　2020 年 11 月 26 日最高人民法院公告公布　本司法解释第一条、第四条自 2020 年 11 月 27 日起施行　第二条、第三条自 2021 年 5 月 19 日起施行　法释〔2020〕13 号）

依据《最高人民法院关于内地与香港特别行政区相互执行仲裁裁决的安排》（以下简称《安排》）第十一条的规定，最高人民法院与香港特别行政区政府经协商，作出如下补充安排：

一、《安排》所指执行内地或者香港特别行政区仲裁裁决的程序，应解释为包括认可和执行内地或者香港特别行政区仲裁裁决的程序。

二、将《安排》序言及第一条修改为："根据《中华人民共和国香港特别行政区基本法》第九十五条的规定，经最高人民法院与香港特别行政区（以下简称香港特区）政府协商，现就仲裁裁决的相互执行问题作出如下安排：

"一、内地人民法院执行按香港特区《仲裁条例》作出的仲裁裁决，香港特区法院执行按《中华人民共和国仲裁法》作出的仲裁裁决，适用本安排。"

三、将《安排》第二条第三款修改为："被申请人在内地和香港特区均有住所地或者可供执行财产的，申请人可以分别向两地法院申请执行。应对方法院要求，两地法院应当相互提供本方执行仲裁裁决的情况。两地法院执行财产的总额，不得超过裁决确定的数额。”

四、在《安排》第六条中增加一款作为第二款：“有关法院在受理执行仲裁裁决申请之前或者之后，可以依申请并按照执行地法律规定采取保全或者强制措施。”

五、本补充安排第一条、第四条自2020年11月27日起施行，第二条、第三条在香港特别行政区完成有关程序后，由最高人民法院公布施行日期。

最高人民法院关于开展认可和协助香港特别行政区破产程序试点工作的意见

（2021年5月11日　法发〔2021〕15号）

为贯彻落实《中华人民共和国香港特别行政区基本法》第九十五条的规定，进一步完善内地与香港特别行政区司法协助制度体系，促进经济融合发展，优化法治化营商环境，最高人民法院与香港特别行政区政府结合司法实践，就内地与香港特别行政区法院相互认可和协助破产程序工作进行会谈协商，签署《最高人民法院与香港特别行政区政府关于内地与香港特别行政区法院相互认可和协助破产程序的会谈纪要》。按照纪要精神，最高人民法院依据《中华人民共和国民事诉讼法》《中华人民共和国企业破产法》等相关法律，制定本意见。

一、最高人民法院指定上海市、福建省厦门市、广东省深圳市人民法院开展认可和协助香港破产程序的试点工作。

二、本意见所称“香港破产程序”，是指依据香港特别行政区《公司（清盘及杂项条文）条例》《公司条例》进行的集体清偿程序，包括公司强制清盘、公司债权人自动清盘以及由清盘人或者临时清盘人提出并经香港特别行政区高等法院依据香港特别行政区《公司条例》第673条批准的公司债务重组程序。

三、本意见所称“香港管理人”，包括香港破产程序中的清盘人和临时清盘人。

四、本意见适用于香港特别行政区系债务人主要利益中心所在地的香港破产程序。

本意见所称“主要利益中心”，一般是指债务人的注册地。同时，人民法院应当综合考虑债务人主要办事机构所在地、主要营业地、主要财产所在地等因素认定。

在香港管理人申请认可和协助时，债务人主要利益中心应当已经在香港特别行政区连续存在6个月以上。

五、债务人在内地的主要财产位于试点地区、在试点地区存在营业地或者在试点地区设有代表机构的，香港管理人可以依据本意见申请认可和协助香港破产程序。

依据本意见审理的跨境破产协助案件，由试点地区的中级人民法院管辖。

向两个以上有管辖权的人民法院提出申请的，由最先立案的人民法院管辖。

六、申请认可和协助香港破产程序的，香港管理人应当提交下列材料：

（一）申请书；

（二）香港特别行政区高等法院请求认可和协助的函；

（三）启动香港破产程序以及委任香港管理人的有关文件；

（四）债务人主要利益中心位于香港特别行政区的证明材料，证明材料在内地以外形成的，还应当依据内地法律规定办理证明手续；

（五）申请予以认可和协助的裁判文书副本；

（六）香港管理人身份证件的复印件，身份证件在内地以外形成的，还应当依据内地法律规定办理证明手续；

（七）债务人在内地的主要财产位于试点地区、在试点地区存在营业地或者在试点地区设有代表机构的相关证据。

向人民法院提交的文件没有中文文本的，应当提交中文译本。

七、申请书应当载明下列事项：

（一）债务人的名称、注册地以及香港管理人所知悉的债务人主要负责人的姓名、职务、住所、身份证件信息、通讯方式等；

（二）香港管理人的姓名、住所、身份证件信息、通讯方式等；

（三）香港破产程序的进展情况和计划；

（四）申请认可和协助的事项和理由；

（五）债务人在内地的已知财产、营业地、代表机构和债权人情况；

（六）债务人在内地涉及的诉讼、仲裁以及有关债务人财产的保全措施、执行程序等情况；

（七）其他国家或者地区针对债务人进行破产程序的相关情况；

（八）其他应当载明的事项。

八、人民法院应当自收到认可和协助申请之日起五日内通知已知债权人等利害关系人，并予以公告。利害关系人有异议的，应当自收到通知或者发布公告之日起七日内向人民法院书面提出。

人民法院认为有必要的，可以进行听证。

九、在人民法院收到认可和协助申请之后、作出裁定之前，香港管理人申请保全的，人民法院依据内地相关法律规定处理。

十、人民法院裁定认可香港破产程序的，应当依申请同时裁定认可香港管理人身份，并于五日内公告。

十一、人民法院认可香港破产程序后，债务人对个别债权人的清偿无效。

十二、人民法院认可香港破产程序后，已经开始而尚未终结的有关债务人的民事诉讼或者仲裁应当中止；在香港管理人接管债务人的财产后,该诉讼或者仲裁继续进行。

十三、人民法院认可香港破产程序后,有关债务人财产的保全措施应当解除,执行程序应当中止。

十四、人民法院认可香港破产程序后,可以依申请裁定允许香港管理人在内地履行下列职责:

(一)接管债务人的财产、印章和账簿、文书等资料;

(二)调查债务人财产状况,制作财产状况报告;

(三)决定债务人的内部管理事务;

(四)决定债务人的日常开支和其他必要开支;

(五)在第一次债权人会议召开之前,决定继续或者停止债务人的营业;

(六)管理和处分债务人的财产;

(七)代表债务人参加诉讼、仲裁或者其他法律程序;

(八)接受内地债权人的债权申报并进行审核;

(九)人民法院认为可以允许香港管理人履行的其他职责。

香港管理人履行前款规定的职责时,如涉及放弃财产权益、设定财产担保、借款、将财产转移出内地以及实施其他对债权人利益有重大影响的财产处分行为,需经人民法院另行批准。

香港管理人履行职责,不得超出《中华人民共和国企业破产法》规定的范围,也不得超出香港特别行政区法律规定的范围。

十五、人民法院认可香港破产程序后,可以依香港管理人或者债权人的申请指定内地管理人。

指定内地管理人后,本意见第十四条规定的职责由内地管理人行使,债务人在内地的事务和财产适用《中华人民共和国企业破产法》处理。

两地管理人应当加强沟通与合作。

十六、人民法院认可香港破产程序后,可以依申请裁定对破产财产变价、破产财产分配、债务重组安排、终止破产程序等事项提供协助。

人民法院应当自收到上述申请之日起五日内予以公告。利害关系人有异议的，应当自发布公告之日起七日内向人民法院书面提出。

人民法院认为有必要的，可以进行听证。

十七、发现影响认可和协助香港破产程序情形的，人民法院可以变更、终止认可和协助。

发生前款情形的，管理人应当及时报告人民法院并提交相关材料。

十八、利害关系人提供证据证明有下列情形之一的，人民法院审查核实后，应当裁定不予认可或者协助香港破产程序：

（一）债务人主要利益中心不在香港特别行政区或者在香港特别行政区连续存在未满6个月的；

（二）不符合《中华人民共和国企业破产法》第二条规定的；

（三）对内地债权人不公平对待的；

（四）存在欺诈的；

（五）人民法院认为应当不予认可或者协助的其他情形。

人民法院认为认可或者协助香港破产程序违反内地法律的基本原则或者违背公序良俗的，应当不予认可或者协助。

十九、香港特别行政区和内地就同一债务人或者具有关联关系的债务人分别进行破产程序的，两地管理人应当加强沟通与合作。

二十、人民法院认可和协助香港破产程序的，债务人在内地的破产财产清偿其在内地依据内地法律规定应当优先清偿的债务后，剩余财产在相同类别债权人受到平等对待的前提下，按照香港破产程序分配和清偿。

二十一、人民法院作出裁定后，管理人或者利害关系人可以自裁定送达之日起十日内向上一级人民法院申请复议。复议期间不停止执行。

二十二、申请认可和协助香港破产程序的，应当依据内地有关诉讼收费的法律和规定交纳费用。

二十三、试点法院在审理跨境破产协助案件过程中,应当及时向最高人民法院报告、请示重大事项。

二十四、试点法院应当与香港特别行政区法院积极沟通和开展合作。

最高人民法院关于审理银行卡民事纠纷案件若干问题的规定

(2019 年 12 月 2 日最高人民法院审判委员会第 1785 次会议通过 2021 年 5 月 24 日最高人民法院公告公布 自 2021 年 5 月 25 日起施行 法释〔2021〕10 号)

为正确审理银行卡民事纠纷案件,保护当事人的合法权益,根据《中华人民共和国民法典》《中华人民共和国民事诉讼法》等规定,结合司法实践,制定本规定。

第一条 持卡人与发卡行、非银行支付机构、收单行、特约商户等当事人之间因订立银行卡合同、使用银行卡等产生的民事纠纷,适用本规定。

本规定所称银行卡民事纠纷,包括借记卡纠纷和信用卡纠纷。

第二条 发卡行在与持卡人订立银行卡合同时,对收取利息、复利、费用、违约金等格式条款未履行提示或者说明义务,致使持卡人没有注意或者理解该条款,持卡人主张该条款不成为合同的内容、对其不具有约束力的,人民法院应予支持。

发卡行请求持卡人按照信用卡合同的约定给付透支利息、复利、违约金等,或者给付分期付款手续费、利息、违约金等,持卡人以发卡行主张的总额过高为由请求予以适当减少的,人民法院应当综合考虑国家有关金融监管规定、未还款的数额及期限、当事人过错程度、发卡行的实际损失等因素,根据公平原则和诚信原则予以衡量,并作出裁决。

第三条 具有下列情形之一的,应当认定发卡行对持卡人享有的债权请求权诉讼时效中断:

(一)发卡行按约定在持卡人账户中扣划透支款本息、违约金等;

(二)发卡行以向持卡人预留的电话号码、通讯地址、电子邮箱发送手机短信、书面信件、电子邮件等方式催收债权;

(三)发卡行以持卡人恶意透支存在犯罪嫌疑为由向公安机关报案;

(四)其他可以认定为诉讼时效中断的情形。

第四条 持卡人主张争议交易为伪卡盗刷交易或者网络盗刷交易的,可以提供生效法律文书、银行卡交易时真卡所在地、交易行为地、账户交易明细、交易通知、报警记录、挂失记录等证据材料进行证明。

发卡行、非银行支付机构主张争议交易为持卡人本人交易或者其授权交易的,应当承担举证责任。发卡行、非银行支付机构可以提供交易单据、对账单、监控录像、交易身份识别信息、交易验证信息等证据材料进行证明。

第五条 在持卡人告知发卡行其账户发生非因本人交易或者本人授权交易导致的资金或者透支数额变动后,发卡行未及时向持卡人核实银行卡的持有及使用情况,未及时提供或者保存交易单据、监控录像等证据材料,导致有关证据材料无法取得的,应承担举证不能的法律后果。

第六条 人民法院应当全面审查当事人提交的证据,结合银行卡交易行为地与真卡所在地距离、持卡人是否进行了基础交易、交易时间和报警时间、持卡人用卡习惯、银行卡被盗刷的次数及频率、交易系统、技术和设备是否具有安全性等事实,综合判断是否存在伪卡盗刷交易或者网络盗刷交易。

第七条 发生伪卡盗刷交易或者网络盗刷交易，借记卡持卡人基于借记卡合同法律关系请求发卡行支付被盗刷存款本息并赔偿损失的，人民法院依法予以支持。

发生伪卡盗刷交易或者网络盗刷交易，信用卡持卡人基于信用卡合同法律关系请求发卡行返还扣划的透支款本息、违约金并赔偿损失的，人民法院依法予以支持；发卡行请求信用卡持卡人偿还透支款本息、违约金等的，人民法院不予支持。

前两款情形，持卡人对银行卡、密码、验证码等身份识别信息、交易验证信息未尽妥善保管义务具有过错，发卡行主张持卡人承担相应责任的，人民法院应予支持。

持卡人未及时采取挂失等措施防止损失扩大，发卡行主张持卡人自行承担扩大损失责任的，人民法院应予支持。

第八条 发卡行在与持卡人订立银行卡合同或者在开通网络支付业务功能时，未履行告知持卡人银行卡具有相关网络支付功能义务，持卡人以其未与发卡行就争议网络支付条款达成合意为由请求不承担因使用该功能而导致网络盗刷责任的，人民法院应予支持，但有证据证明持卡人同意使用该网络支付功能的，适用本规定第七条规定。

非银行支付机构新增网络支付业务类型时，未向持卡人履行前款规定义务的，参照前款规定处理。

第九条 发卡行在与持卡人订立银行卡合同或者新增网络支付业务时，未完全告知某一网络支付业务持卡人身份识别方式、交易验证方式、交易规则等足以影响持卡人决定是否使用该功能的内容，致使持卡人没有全面准确理解该功能，持卡人以其未与发卡行就相关网络支付条款达成合意为由请求不承担因使用该功能而导致网络盗刷责任的，人民法院应予支持，但持卡人对于网络盗刷具有过错的，应当承担相应过错责任。发卡行虽然未尽前述义务，但是有证据证明持卡人知道并理解该网络支付功能的，适用本规定第七条规定。

非银行支付机构新增网络支付业务类型时,存在前款未完全履行告知义务情形,参照前款规定处理。

第十条 发卡行或者非银行支付机构向持卡人提供的宣传资料载明其承担网络盗刷先行赔付责任,该允诺具体明确,应认定为合同的内容。持卡人据此请求发卡行或者非银行支付机构承担先行赔付责任的,人民法院应予支持。

因非银行支付机构相关网络支付业务系统、设施和技术不符合安全要求导致网络盗刷,持卡人请求判令该机构承担先行赔付责任的,人民法院应予支持。

第十一条 在收单行与发卡行不是同一银行的情形下,因收单行未尽保障持卡人用卡安全义务或者因特约商户未尽审核持卡人签名真伪、银行卡真伪等审核义务导致发生伪卡盗刷交易,持卡人请求收单行或者特约商户承担赔偿责任的,人民法院应予支持,但持卡人对伪卡盗刷交易具有过错,可以减轻或者免除收单行或者特约商户相应责任。

持卡人请求发卡行承担责任,发卡行申请追加收单行或者特约商户作为第三人参加诉讼的,人民法院可以准许。

发卡行承担责任后,可以依法主张存在过错的收单行或者特约商户承担相应责任。

第十二条 发卡行、非银行支付机构、收单行、特约商户承担责任后,请求盗刷者承担侵权责任的,人民法院应予支持。

第十三条 因同一伪卡盗刷交易或者网络盗刷交易,持卡人向发卡行、非银行支付机构、收单行、特约商户、盗刷者等主体主张权利,所获赔偿数额不应超过其因银行卡被盗刷所致损失总额。

第十四条 持卡人依据其对伪卡盗刷交易或者网络盗刷交易不承担或者不完全承担责任的事实,请求发卡行及时撤销相应不良征信记录的,人民法院应予支持。

第十五条 本规定所称伪卡盗刷交易,是指他人使用伪造的银行卡刷卡进行取现、消费、转账等,导致持卡人账户发生非基于本人意思的资金减少或者透支数额增加的行为。

本规定所称网络盗刷交易,是指他人盗取并使用持卡人银行卡网络交易身份识别信息和交易验证信息进行网络交易,导致持卡人账户发生非因本人意思的资金减少或者透支数额增加的行为。

第十六条 本规定施行后尚未终审的案件,适用本规定。本规定施行前已经终审,当事人申请再审或者按照审判监督程序决定再审的案件,不适用本规定。

最高人民法院关于推进行政诉讼程序繁简分流改革的意见

(2021年5月28日 法发〔2021〕17号)

为深化行政诉讼制度改革,推进行政案件繁简分流、轻重分离、快慢分道,优化行政审判资源配置,推动行政争议实质化解,依法保护公民、法人和其他组织合法权益,支持和监督行政机关依法行政,根据《中华人民共和国行政诉讼法》(以下简称行政诉讼法)及司法解释的规定,结合审判工作实际,制定本意见。

一、一般规定

第一条 人民法院应当严格规范审理复杂行政案件,依法快速审理简单行政案件,完善行政诉讼简易程序适用规则,推动电子诉讼的应用,引导当事人正确行使诉讼权利、依法履行诉讼义务,全面提升行政审判质量、效率和公信力。

第二条 第一审人民法院审理下列行政案件,可以作为简单案件进行审理:

(一)属于行政诉讼法第八十二条第一款、第二款规定情形的;

(二)不符合法定起诉条件的;

（三）不服行政复议机关作出的不予受理或者驳回复议申请决定的；

（四）事实清楚、权利义务关系明确、争议不大的政府信息公开类、履行法定职责类以及商标授权确权类行政案件。

第二审人民法院对于第一审人民法院按照简单案件快速审理的上诉案件，以及当事人撤回上诉、起诉、按自动撤回上诉处理的案件，针对不予立案、驳回起诉、管辖权异议裁定提起上诉的案件等，可以作为简单案件进行审理。

高级人民法院可以探索开展行政申请再审案件繁简分流工作。

第三条 人民法院可以建立行政案件快审团队或者专业化、类型化审判团队，也可以设立程序分流员，负责行政案件繁简分流，实现简案快审、类案专审、繁案精审。

二、促进行政争议诉前分流

第四条 人民法院应当强化行政争议的诉源治理，完善行政诉讼与行政复议、行政裁决等非诉讼解纷方式的分流对接机制，探索建立诉前和解机制，依托司法与行政的良性互动，加强行政争议多元化解及相关平台建设。

第五条 行政诉讼法规定可以调解的案件、行政相对人要求和解的案件，或者通过和解方式处理更有利于实质性化解行政争议的案件，人民法院可以在立案前引导当事人自行和解或者通过第三方进行调解。开展诉前调解应在调解平台上进行，并编立相应案号。

建立非诉讼调解自动履行正向激励机制，通过将自动履行情况纳入诚信评价体系等，引导当事人自动、即时履行调解协议，及时化解行政争议。

第六条 经诉前调解达成和解协议，当事人共同申请司法确认的，人民法院可以依法确认和解协议效力，出具行政诉前调解书。

当事人拒绝调解或者未达成和解协议，符合法定立案条件的，人民法院应当依法及时登记立案。

立案后，经调解当事人申请撤诉，人民法院审查认为符合法律规定的，依法作出准予撤诉的裁定。

第七条 诉前调解中，当事人没有争议的事实应当记入调解笔录，并由当事人签字确认。

在审理过程中，经当事人同意，双方在调解过程中已确认的无争议事实不再进行举证、质证，但当事人为达成和解协议作出妥协而认可的事实或者有相反证据足以推翻的事实除外。

三、健全简易程序适用规则

第八条 人民法院依照行政诉讼法第八十二条第一款规定适用简易程序审理的行政案件，可以向当事人发送简易程序审理通知书，告知审理方式、审理期限等事项。

人民法院依照行政诉讼法第八十二条第二款规定审理其他第一审行政案件，应当征求当事人意见。征求意见可以通过诉讼平台、电话、手机短信、即时通讯账号等简便方式进行。当事人不同意适用简易程序的，应当自收到通知之日起五日内向人民法院提出。期限内未提出异议的，人民法院可以按照简易程序进行审理。

第九条 人民法院适用简易程序审理行政案件，可以根据案件情况，采取下列方式简化庭审程序，但应当保障当事人答辩、举证、质证、陈述、辩论等诉讼权利：

（一）已经通过开庭前准备阶段或者其他方式完成当事人身份核实、权利义务告知、庭审纪律宣示的，开庭时可以不再重复；

（二）庭审直接围绕与被诉行政行为合法性相关的争议焦点展开，法庭调查、法庭辩论可以合并进行。

当事人双方表示不需要答辩期间、举证期限的，人民法院可以迳行开庭，开庭时间不受答辩期间、举证期限的限制。

适用简易程序审理的案件，应当一次开庭审结，但人民法院认为确有必要再次开庭的除外。

第十条 适用简易程序审理行政案件的庭审录音录像，经当事人同意的，可以代替法庭笔录。

第十一条 人民法院适用简易程序审理行政案件，可以简化裁判文书，但应当包含当事人基本信息、诉讼请求、答辩意见、主要事实、简要裁判理由、裁判依据和裁判主文，以及诉讼费用负担、告知当事人上诉权利等必要内容。

第十二条 由简易程序转为普通程序审理的案件，转为普通程序前已经进行的诉讼行为有效，双方当事人已确认的无争议事实，可以不再进行举证、质证。

由简易程序转为普通程序的案件，不得再转为简易程序审理。

四、依法快速审理简单案件

第十三条 人民法院经过阅卷、调查或者询问当事人，认为原告起诉不符合法定起诉条件的，可以迳行裁定驳回起诉，但需要开庭审理查明相关事实的除外。

第十四条 开庭前准备阶段已核实当事人身份、告知权利义务、进行证据交换的，开庭审理时不再重复进行。

开庭前准备阶段确认的没有争议并记录在卷的证据，经人民法院在法庭调查时予以说明、各方当事人确认后，可以作为认定案件事实的依据。

第十五条 复议机关为共同被告的案件，对于复议决定与原行政行为认定一致的事实，对方当事人在庭审中明确表示认可的，人民法院可以简化庭审举证和质证，但有相反证据足以推翻该事实的除外。

第十六条 人民法院对具备下列情形之一的上诉案件，经过阅卷、调查或者询问当事人，对没有提出新的事实、证据或者理由的，可以不开庭审理：

（一）不服一审行政裁定的；

（二）当事人认为一审裁判适用法律法规错误的。

在依法保障当事人诉讼权利的情况下,第二审人民法院可以通过诉讼平台、电话、手机短信、即时通讯账号等简便方式询问当事人,并记录在案,但涉及新的事实或者新证据的除外。

第十七条 人民法院审查申请再审案件,应当依据行政诉讼法第九十一条规定,结合当事人的再审请求及理由进行审查。需要询问当事人的,可以通过诉讼平台、电话、手机短信、即时通讯账号等简便方式进行。

当事人主张的再审事由明显不成立的,或者不符合申请再审条件的,驳回再审申请裁定可以适当简化,但应当包含当事人基本信息、案件由来、申请人申请再审的请求和理由、简要裁判理由、裁判依据和裁判主文等必要内容。

第十八条 依法快速审理的简单行政案件,庭审笔录可以适当简化。相关庭审录音录像应当制作光盘等存储介质,一并入卷归档。

第十九条 对事实清楚、权利义务关系明确、争议不大的政府信息公开、不履行法定职责、不予受理或者程序性驳回复议申请以及商标授权确权等行政案件,人民法院可以结合被诉行政行为合法性的审查要素和当事人争议焦点开展庭审活动,并可以制作要素式行政裁判文书。

要素式行政裁判文书可以采取简易方式,按照当事人情况、诉讼请求、基本事实、裁判理由和裁判结果等行政裁判文书的基本要素进行填写。

第二十条 不同当事人对同一个或者同一类行政行为分别提起诉讼的,可以集中立案,由同一审判团队实行集中排期、开庭、审理、宣判。

第二十一条 人民法院审理简单行政案件过程中,发现案件疑难复杂的,应当及时转为复杂案件进行审理。需要变更合议庭或者审判员的,应当告知当事人。

第二十二条 人民法院、当事人及其他诉讼参与人通过信息化诉讼平台在线开展行政诉讼活动，行政诉讼法没有规定的，可以参照适用民事诉讼法及民事诉讼程序繁简分流的相关规定。

五、附则

第二十三条　本意见自 2021 年 6 月 1 日起施行。

附：

2021 年 5 月份报国务院备案并予以登记的地方性法规、自治条例、单行条例和地方政府规章目录

地方性法规

法规名称	公布日期	备案登记编号
天津市区级以下人民代表大会代表选举实施细则	2021 年 3 月 15 日	国司备字［2021004137］
山西省家庭暴力预防和处置办法	2021 年 1 月 15 日	国司备字［2021004180］
山西省预防和制止餐饮浪费规定	2021 年 1 月 15 日	国司备字［2021004181］
山西省固体废物污染环境防治条例	2021 年 3 月 31 日	国司备字［2021004183］
大同火山群保护条例	2021 年 4 月 2 日	国司备字［2021004184］
忻州市长城保护条例	2021 年 1 月 20 日	国司备字［2021004185］
忻州市代县历史文化名城保护条例	2021 年 1 月 25 日	国司备字［2021004186］
哈尔滨市爱国卫生条例	2021 年 4 月 22 日	国司备字［2021004162］
哈尔滨市违法建设防控和查处条例	2021 年 4 月 23 日	国司备字［2021004163］
哈尔滨市金上京遗址保护条例	2021 年 4 月 25 日	国司备字［2021004164］
伊春市城市综合管理条例	2021 年 4 月 23 日	国司备字［2021004165］

续表

法规名称	公布日期	备案登记编号
上海市不动产登记若干规定	2020 年 11 月 27 日	国司备字［2021004161］
上海市促进家庭农场发展条例	2020 年 11 月 27 日	国司备字［2021004206］
浙江省医疗保障条例	2021 年 3 月 26 日	国司备字［2021004189］
浙江省人民代表大会常务委员会关于促进和保障长江流域禁捕工作若干问题的决定	2021 年 3 月 26 日	国司备字［2021004190］
浙江省人民代表大会常务委员会关于修改《浙江省发展新型墙体材料条例》等五件地方性法规的决定	2021 年 3 月 26 日	国司备字［2021004191］
浙江省人民代表大会常务委员会关于修改《浙江省县、乡两级人民代表大会代表选举实施细则》的决定	2021 年 3 月 26 日	国司备字［2021004192］
浙江省人民代表大会常务委员会关于修改《浙江省防震减灾条例》等五件地方性法规的决定	2021 年 3 月 26 日	国司备字［2021004193］
宁波市法治乡村建设促进条例	2021 年 4 月 8 日	国司备字［2021004194］
宁波市人民代表大会常务委员会关于修改《宁波市经营燃放烟花爆竹安全管理规定》的决定	2021 年 4 月 8 日	国司备字［2021004195］
宁波市菜市场管理条例	2021 年 4 月 8 日	国司备字［2021004196］
宁波市生产经营单位安全生产主体责任规定	2021 年 4 月 2 日	国司备字［2021004197］
宁波市城市排水和再生水利用条例	2021 年 4 月 2 日	国司备字［2021004198］
湖州市物业管理条例	2021 年 4 月 6 日	国司备字［2021004199］

续表

法规名称	公布日期	备案登记编号
台州市物业管理条例	2021 年 4 月 6 日	国司备字［2021004200］
温州市家政服务条例	2021 年 4 月 7 日	国司备字［2021004201］
温州市泰顺廊桥保护条例	2021 年 4 月 7 日	国司备字［2021004202］
温州市气候资源保护和利用条例	2021 年 4 月 7 日	国司备字［2021004203］
嘉兴市建筑垃圾管理条例	2021 年 4 月 13 日	国司备字［2021004204］
舟山市港口船舶污染物管理条例	2021 年 4 月 30 日	国司备字［2021004205］
福建省人民代表大会常务委员会关于废止和修改部分地方性法规的决定	2021 年 4 月 6 日	国司备字［2021004187］
福建省餐饮服务从业人员佩戴口罩的规定	2021 年 1 月 21 日	国司备字［2021004188］
山东省铁路安全管理条例	2021 年 3 月 24 日	国司备字［2021004207］
山东省人民代表大会常务委员会关于修改《山东省县乡两级人民代表大会选举实施细则》的决定	2021 年 3 月 24 日	国司备字［2021004208］
山东省慈善条例	2021 年 3 月 24 日	国司备字［2021004209］
湖北省地方金融条例	2021 年 4 月 2 日	国司备字［2021004210］
武汉市人民代表大会常务委员会关于集中修改和废止部分地方性法规的决定	2021 年 2 月 25 日	国司备字［2021004211］
湖南省河道采砂管理条例	2021 年 1 月 19 日	国司备字［2021004212］
湖南省家庭教育促进条例	2021 年 1 月 19 日	国司备字［2021004213］

续表

法规名称	公布日期	备案登记编号
衡阳市违法建设防控与查处条例	2021年2月18日	国司备字[2021004214]
广东省社会信用条例	2021年3月18日	国司备字[2021004166]
广东省绿色建筑条例	2020年11月27日	国司备字[2021004167]
广州市优化营商环境条例	2020年12月10日	国司备字[2021004159]
广州市幼儿园条例	2021年4月9日	国司备字[2021004168]
深圳市人民代表大会常务委员会关于废止《深圳市排水条例》的决定	2021年3月25日	国司备字[2021004169]
韶关市建筑垃圾管理条例	2021年3月23日	国司备字[2021004170]
江门市文明行为促进条例	2021年4月6日	国司备字[2021004171]
湛江市鹤地水库饮用水水源保护条例	2021年3月26日	国司备字[2021004172]
潮州市畲族文化保护条例	2021年4月29日	国司备字[2021004173]
揭阳市烟花爆竹燃放安全管理条例	2021年3月25日	国司备字[2021004174]
肇庆市城市生活垃圾分类管理条例	2021年3月23日	国司备字[2021004175]
茂名市村庄规划建设管理条例	2020年12月13日	国司备字[2021004176]
海南省城乡供水管理条例	2021年3月24日	国司备字[2021004220]
海南省人民代表大会常务委员会关于修改《海南省县乡两级人民代表大会选举实施细则》的决定	2021年3月24日	国司备字[2021004221]

续表

法规名称	公布日期	备案登记编号
重庆市优化营商环境条例	2021年3月31日	国司备字［2021004227］
重庆市人民代表大会常务委员会关于修改《重庆市实施〈中华人民共和国全国人民代表大会和地方各级人民代表大会选举法〉细则》的决定	2021年3月31日	国司备字［2021004228］
重庆市见义勇为人员奖励和保护条例	2021年3月31日	国司备字［2021004230］
秀山土家族苗族自治县梅江河流域水生态环境保护条例	2021年4月6日	国司备字［2021004229］
贵州省人民调解条例	2020年7月31日	国司备字［2021004138］
贵州省公共图书馆条例	2020年9月25日	国司备字［2021004139］
贵州省政府数据共享开放条例	2020年9月25日	国司备字［2021004140］
贵州省固体废物污染环境防治条例	2020年12月9日	国司备字［2021004141］
贵州省茶产业发展条例	2020年12月7日	国司备字［2021004142］
贵州省法治宣传教育条例	2020年12月8日	国司备字［2021004143］
贵阳市医疗急救条例	2020年12月10日	国司备字［2021004144］
贵阳市房屋使用安全管理条例	2020年6月10日	国司备字［2021004153］
六盘水市城市山体保护条例	2020年10月20日	国司备字［2021004156］
安顺市村寨规划建设管理条例	2019年12月21日	国司备字［2021004145］

续表

法规名称	公布日期	备案登记编号
毕节市城市园林绿化条例	2020年8月25日	国司备字［2021004147］
铜仁市非物质文化遗产保护条例	2020年9月28日	国司备字［2021004148］
黔东南苗族侗族自治州自治条例	2020年8月14日	国司备字［2021004149］
黔东南苗族侗族自治州民族文化村寨保护条例	2020年10月14日	国司备字［2021004150］
黔西南布依族苗族自治州人民代表大会关于废止《黔西南布依族苗族自治州个体工商户私营企业发展与保护条例》的决定	2020年12月22日	国司备字［2021004151］
黔西南布依族苗族自治州民族医药保护与发展条例	2020年10月16日	国司备字［2021004152］
务川仡佬族苗族自治县农村公路养护管理条例	2020年6月24日	国司备字［2021004146］
印江土家族苗族自治县城镇管理条例	2020年8月26日	国司备字［2021004154］
玉屏侗族自治县乡村生活垃圾和生活污水治理条例	2020年9月28日	国司备字［2021004155］
三都水族自治县山林土地权属争议调查处理条例	2020年11月9日	国司备字［2021004157］
松桃苗族自治县城区燃放烟花爆竹管理条例	2020年12月9日	国司备字［2021004158］
陕西省饮用水水源保护条例	2021年1月21日	国司备字［2021004216］
陕西省实施《中华人民共和国农民专业合作社法》办法	2021年1月21日	国司备字［2021004217］
陕西省人民代表大会议事规则	2021年1月29日	国司备字［2021004218］
西安市人民代表大会常务委员会关于废止《西安市预防职务犯罪条例》的决定	2021年1月18日	国司备字［2021004219］

续表

法规名称	公布日期	备案登记编号
渭南市建筑工地扬尘污染防治条例	2020 年 12 月 25 日	国司备字［2021004160］

地方政府规章

规章名称	公布日期	备案登记编号
大连市行政规范性文件管理办法	2021 年 4 月 20 日	国司备字［2021004126］
抚顺市人民政府关于废止和修改部分市政府规章的决定	2021 年 4 月 19 日	国司备字［2021004132］
黑龙江省人民政府关于第一批赋予中国（黑龙江）自由贸易试验区省级行政权力事项和调整赋予哈尔滨新区省级行政权力事项的决定	2021 年 5 月 13 日	国司备字［2021004177］
常州市扬尘污染防治管理办法	2021 年 4 月 21 日	国司备字［2021004107］
无锡市人民防空规定	2021 年 4 月 13 日	国司备字［2021004109］
无锡市禽类交易管理办法	2021 年 4 月 13 日	国司备字［2021004110］
嘉兴市城市绿线管理办法	2021 年 4 月 26 日	国司备字［2021004178］
宣城市养犬管理办法	2021 年 4 月 6 日	国司备字［2021004131］
福建省内部审计工作规定	2021 年 4 月 1 日	国司备字［2021004116］
福建省古树名木保护管理办法	2021 年 4 月 1 日	国司备字［2021004117］

续表

规章名称	公布日期	备案登记编号
青岛市人民政府关于修改和废止部分市政府规章的决定	2021 年 4 月 9 日	国司备字［2021004135］
齐鲁文化（潍坊）生态保护区建设管理办法	2021 年 4 月 25 日	国司备字［2021004115］
河南省突发公共卫生事件应急办法	2021 年 4 月 23 日	国司备字［2021004223］
开封市人民政府规章制定办法	2021 年 4 月 15 日	国司备字［2021004118］
武汉市人民政府关于修改和废止部分规章的决定	2021 年 3 月 23 日	国司备字［2021004125］
广州市人民政府关于废止部分市政府规章的决定	2021 年 4 月 25 日	国司备字［2021004224］
深圳市居民经济状况核对办法	2021 年 4 月 6 日	国司备字［2021004108］
深圳市电动自行车管理规定（试行）	2021 年 4 月 28 日	国司备字［2021004226］
韶关市生活垃圾分类管理办法（试行）	2021 年 4 月 9 日	国司备字［2021004111］
韶关市城市市容和环境卫生管理办法（试行）	2021 年 4 月 9 日	国司备字［2021004112］
江门市生活垃圾分类管理办法	2021 年 4 月 22 日	国司备字［2021004129］
南宁市居民住宅生活饮用水二次供水管理办法	2021 年 4 月 5 日	国司备字［2021004113］
柳州市环境噪声污染防治管理办法	2021 年 4 月 22 日	国司备字［2021004130］
海南省人民政府关于废止《海南省国有企业亏损责任追究办法》的决定	2021 年 3 月 16 日	国司备字［2021004179］
海南省人民政府关于将部分省级行政管理事项调整由市、县、自治县和洋浦经济开发区实施的决定	2021 年 3 月 6 日	国司备字［2021004182］

续表

规章名称	公布日期	备案登记编号
成都未来科技城管理暂行办法	2021 年 4 月 2 日	国司备字〔2021004114〕
成都市人民政府关于废止《成都市机动车和非道路移动机械排气污染防治办法》的决定	2021 年 5 月 6 日	国司备字〔2021004134〕
贵州省人民政府关于向贵安新区下放一批行政管理事项的决定	2021 年 4 月 13 日	国司备字〔2021004122〕
遵义市人民政府关于调整行政许可事项的决定	2021 年 4 月 12 日	国司备字〔2021004119〕
昆明市农村村民住宅建设管理办法	2021 年 4 月 27 日	国司备字〔2021004225〕

图书在版编目(CIP)数据

中华人民共和国新法规汇编.2021年.第6辑:总第292辑/司法部编.—北京:中国法制出版社,2021.11

ISBN 978-7-5216-2285-0

Ⅰ.①中… Ⅱ.①司… Ⅲ.①法规-汇编-中国-2021 Ⅳ.①D920.9

中国版本图书馆CIP数据核字(2021)第235182号

中华人民共和国新法规汇编

ZHONGHUA RENMIN GONGHEGUO XIN FAGUI HUIBIAN

(2021年第6辑)

编者/司法部

经销/新华书店

印刷/三河市紫恒印装有限公司

开本/850毫米×1168毫米 32开　　印张/7.25 字数/156千

版次/2021年11月第1版　　2021年11月第1次印刷

中国法制出版社出版

书号 ISBN 978-7-5216-2285-0　　定价:18.00元

北京市西城区西便门西里甲16号西便门办公区

邮政编码:100053　　传真:010-63141852

网址:http://www.zgfzs.com　　编辑部电话:010-63141663

市场营销部电话:010-63141612　　印务部电话:010-63141606

(如有印装质量问题,请与本社印务部联系。)